Gerald Arnold/Herbert Frei
WASSERWELT KÄRNTENS

Gerald Arnold · Herbert Frei

WASSERWELT
KÄRNTENS

VERLAG JOHANNES HEYN

© by Verlag Johannes Heyn, Klagenfurt 1995
Reproherstellung: Sochor Ges.m.b.H., Zell am See
Satz: Ritter Klagenfurt
Druck: Carinthia Graphische Betriebe
ISBN 3 85366 795 3

Von Kärntner Seen

Von Süßwasserfischen

Von Fröschen, Kröten, Krebsen und anderen Seebewohnern

Aal im üppigen Grün des Tausendblattdschungels.

Von Kärntner Seen

Die Entstehung der Kärntner Seenlandschaft

Die meisten der geologisch sehr jungen Kärntner Seen entstanden am Ende der Würm-Eiszeit vor ca. 10.000 Jahren. Damals zog sich der Draugletscher von seiner Maximalausdehnung, die im Osten bis in den Bleiburger Raum reichte, langsam nach Westen zurück. Dabei gab er tektonisch vorgeformte Becken und Mulden frei, die sich langsam mit Wasser von den schmelzenden Eismassen füllten. Diese Art der Entstehung erklärt, warum in den eisfrei gebliebenen östlichen Teilen Kärntens (Lavanttal) natürlich gewachsene Seen praktisch vollständig fehlen.

So bildete sich beispielsweise der Wörther See durch den Rückzug einer großen Gletscherzunge durch das heutige Seenbecken, wobei ein großer Eiskörper zwischen den beiden Hügelketten nördlich und südlich des heutigen Sees zu liegen kam und dort abschmolz. Die heutigen Seen sind jedoch nur spärliche Überreste einstmals viel größerer Wassermassen. Viele der damals entstandenen Seen und Tümpel, vor allem in den großen Flußtälern, verlandeten durch das Geschiebe der Flüsse sehr schnell wieder. Bestehen blieben nur Seen, die abseits der Hauptentwässerungslinien (große Flüsse wie Drau, Gail, Glan) lagen. Dazu zählen nahezu alle Seen unseres Landes, wovon die größeren und tieferen mit einer Temperaturschichtung als Seen, die kleineren und seichteren Gewässer als Weiher oder Teiche bezeichnet werden. Unter dem Begriff Tümpel werden kurzzeitig bestehende oder nur periodisch vorhandene Gewässer zusammengefaßt, wie z. B. größere Regenpfützen, Überschwemmungswiesen oder durch Schneeschmelze entstandene Gewässer.

Kärnten hat rund 1270 stehende Gewässer, davon befinden sich 630 in einer Höhenlage über 1000 m. Die Gesamtfläche der Seen beträgt 60 Quadratkilometer, wovon wiederum 50 Quadratkilometer, das sind 83 %, auf die vier größten Seen Wörther See, Millstätter See, Ossiacher See und Weißensee entfallen.

Im Vergleich dazu erstrecken sich die großen Seen Nordamerikas auf eine Gesamtfläche von 242.000 Quadratkilometer, fast viermal die Fläche von Österreich. Der größte See Westeuropas, der Bodensee, besitzt eine Fläche von 540 Quadratkilometer, und der größte See Österreichs, der Attersee, kommt auf 46 Quadratkilometer.

Trotz ihrer geringen Größe zeigen Kärntens Seen einige interessante Besonderheiten, die sie beinahe einzigartig machen.

1. Die hohe Wassertemperatur – die Ursachen hierfür sind:
   a) lange Sonnenscheindauer;
   b) windgeschützte Lage; das Kärntner Becken wird durch seine abgeschirmte Ausdehnung weitgehend von kontinentalen Luftbewegungen verschont.
   c) Kärntens Seen liegen abseits der großen Entwässerungslinien, was eine geringe Durchflutung und nur wenig Kaltwassereintrag bedeutet.
2. Teildurchmischung (Meromixis)
   Eine Besonderheit unserer großen und verhältnismäßig schmalen Talseen ist ihre Teildurchmischung. Das bedeutet, daß die Tiefenzonen ab ca. 40 m kaum mit Sauerstoff versorgt werden. Ein Grund hierfür liegt in der geringen Windbewegung, die nicht ausreicht, größere Seen vollständig umzuwälzen.
   Als Beispiel für teildurchmischte Seen gelten der Wörther See, Weißensee, Millstätter See, der Klopeiner See und interessanterweise auch der Längsee und der Goggausee.

Seentypen Kärntens

Kärnten weist eine Vielfalt unterschiedlichster Seen und kleiner stehender Gewässer auf, die die gesamte

Traumhafte Sichtweiten in einem der vielen Bergseen.

Entwicklungsreihe zwischen geologisch in jüngerer Vergangenheit entstandenen alpinen Karseen, über die großen Seen der Tallagen, bis hin zu den verlandeten Restseen und Flachmooren repräsentieren.

Die jüngsten Vertreter finden sich in den Randbereichen zurückweichender Gletscher, die sich in ausgeschürften Felsmulden oder hinter Muränenwällen entwickelt haben und mit dem gegenwärtigen Zurückweichen der Gletscherzungen auch jetzt noch im Entstehen beobachtet werden können.

Gletscherseen erhalten durch die trübstoffführenden Schmelzwasser während der Sommermonate beträchtliche Mengen mineralischer Sedimente, deren feine Fraktionen wochenlang in Schwebe bleiben und dem See eine charakteristische graugrüne bis türkise Färbung verleihen.

Über einen Großteil des Jahres bedecken mächtige Eisschichten die Oberfläche. Die kurze Zeit der Eisfreiheit bestimmt das Wachstum und die Vermehrung eines Großteils der Lebewesen. Als Beispiel sei der Gradensee (Schobergruppe/Hohe Tauern) genannt, in dessen Umgebung namenlose Kleinseen an der Gradenscharte erst in jüngster Zeit, bedingt durch die allgemeine Temperaturerhöhung infolge Luftverschmutzung, durch abschmelzende Gletscher entstanden sind. Die Lebewesen dieses Seentyps sind an extreme klimatische Bedingungen angepaßt, und nur wenige Spezialisten aus dem Pflanzen- und Tierreich besiedeln diesen Lebensraum.

Die sommerliche Gletschertrübheit filtert das in das Wasser eindringende Licht bereits nahe der Oberfläche stark aus und ermöglicht nur in den oberen Schichten des Wasserkörpers die Photosynthese durch die verschiedenen Schwebealgen. Ein weiterer begrenzter Faktor für die Algenentwicklung sind die geringen Konzentrationen an Pflanzennährstoffen, welche die Schwebealgen über ihre Körperoberfläche aus dem Wasser aufnehmen, um wachsen und sich vermehren zu können.

Nur wenige Larven von Zuckmücken und verschiedenen Würmern besiedeln die oberen Schichten des Seegrundes. Fische fehlen zumeist. Allgemein schränken geringes Licht und Nährstoffangebot die Menge und Artenvielfalt von Pflanzen und Tieren entscheidend ein.

Hochgebirgsseen:

Die Klarheit und oft intensive Blaufärbung ist auch hier ein Zeichen spärlicher Schwebealgenentfaltung. Das Licht kann jedoch in den Sommermonaten auch in 40–60 Metern die Photosynthese ermöglichen, sodaß pflanzliches Leben hier oft bis zum Gewässergrund möglich ist.

Solche Seen enthalten tierisches Plankton mit verschiedenen Kleinkrebschen und Rädertierchen, welche die bevorzugte Nahrung von Seesaiblingen darstellen. So wurden viele hochgelegene Alpenseen bereits im Mittelalter zur Bereicherung der Mahlzeiten in der Fastenzeit mit begehrten Speisefischen besetzt (Opfergaben von Bauern, Fischzucht der Klöster).

Erwähnenswert ist noch das Vorkommen von sogenannten Bärtierchen in diesem Gewässertyp – Tiere mit faszinierender Anpassungsfähigkeit und Kälteresistenz, die normalerweise algenbewachsene Steine und Felsen bewohnen. Bärtierchen können im Extremfall ihr Körpergewebe nahezu vollständig vom Wassergehalt befreien und das körpereigene Eiweiß in kristalline Form umwandeln. In diesem Zustand können Temperaturen von 140°–160° überstanden werden und die Tiere kehren nach einer Umstellungsphase wieder zu ihrem normalen Verhalten und Leben zurück.

Gebirgs- und Bergseen:

Die klimatischen Bedingungen sind nicht mehr so extrem wie im Hochgebirge, und eine bereits vorhandene Vegetationsdecke im Einzugsbereich bereichert die Menge eingeschwemmter Nährstoffe. Höhere Wasserpflanzen können die Sedimente seichter Uferzonen bewachsen und bieten sowohl Nahrung als auch Schutz und Versteck für verschiedene Wirbellose, Fische und Amphibien.

Herbst in Kärnten. Bunte Blätter liegen am Grund der Gewässer.

Verlandungsgürtel und Randmoore sind Standplätze oft schon seltener Pflanzen, die in tieferen Lagen durch die Kultivierung der Landschaft vereinzelt zurückgedrängt wurden. Eine Erweiterung des Artenspektrums ist jetzt bereits gegeben. Amphibien wie Alpenmolch, Teichmolch, Kamm-Molch und Grasfrosch bevölkern die Randzonen der Gewässer. Bachforellen, Elritzen und Saiblinge sind die wichtigsten Fische in dieser Region.

Zahlreiche Köcherfliegenlarven, Eintagsfliegen, Schlammfliegen, Wasserkäfer, Libellen, Zuckmücken, Egel, Plattwürmer, Gliederwürmer, Flohkrebse, Asseln und Erbsenmuscheln besiedeln die Seen. Im Verlandungsbereich dieser Seen befinden sich auch die Verbreitungsgebiete von Wollgras, Schmalblättrigem Igelkolben und verschiedener Seggen.

Seen der Tallagen:

Die großen Kärntner Seen entstanden, als beim Rückzug der eiszeitlichen Talgletscher Stirnmoränen den Abfluß der Schmelzwasser verlegten. Kleinere Seen, wie z. B. die Villacher Seenplatte, bildeten sich nach dem Abschmelzen sogenannter Toteiskörper. Das sind isolierte Eismassen im umgebenden Sediment. Diese lagen abseits von Schmelzwasserströmen und entgingen damit der vorzeitigen Verlandung.

Freiwasserbereich:

Der Freiwasserbereich ist durch schwebende und schwimmende Lebensformen charakterisiert. Einzellige Algen nutzen im vom Licht durchdrungenen oberflächennahen Wasser Sonne und Nährstoffe zur Photosynthese und zum Wachstum. Je klarer das Wasser ist, desto tiefer erstreckt sich der lichtdurchdrungene Bereich. Hohe Algendichte beschränkt die Helligkeit durch das Ausfiltern des Lichtes. Die hohe Formenvielfalt der Algen birgt bizarre Körperformen und Skelette aus Kieselsäure (z. B. Kieselalge).

Zahlreiche Arten des Zooplanktons ernähren sich von den Schwebealgen und weisen selbst eine reiche Ar-

tenvielfalt auf. Das vorherrschende Zooplankton gehört zur Gruppe der Kleinkrebse und Rädertiere und besiedelt den gesamten sauerstoffreichen Wasserkörper. Die Mücken-Larven der Gattung Chaoborus leben planktisch, ernähren sich räuberisch und besitzen zwei Gasblasen, mittels derer sie ihren Auftrieb verändern können. In typischen tageszyklischen Wanderungen folgen die Larven während der Nacht ihrer Beute bis in mittlere und oberflächennahe Wasserschichten und ziehen sich am Tage in die sauerstoffarmen bodennahen Wasserschichten zurück, in die ihnen ihre Freßfeinde (Fische) wegen Sauerstoffmangels nicht oder nur beschränkt folgen können.

Neben Fischarten, die sich vorwiegend im Freiwasserkörper aufhalten, wie Reinanken, Lauben, Seeforellen, nutzt ein breites Artenspektrum, wie beispielsweise Barsch, Zander usw. zumindest zeitweise diesen Lebensraum.

Die Böden der Tiefenzonen:

Dicke Schlammschichten bedecken den Gewässergrund. An der Sediment-Wassergrenze ist der Schlamm locker. Sofern das Wasser noch sauerstoffhaltig ist, können grabende Organismen in die obersten Sedimentschichten eindringen. Wohnröhren von Zuckmückenlarven können bis 30 Zentimeter ins Sediment reichen, räuberisch suchen sie die Sedimentoberfläche nach Nahrung ab. Gliederwürmer fressen den feinen Schlamm und verdauen die darin enthaltene organische Substanz. Arten der Kugel- und Erbsenmuschel filtrieren Partikel aus dem Wasser, Asseln zerkleinern totes pflanzliches Material und leben von den darauf wachsenden Mikroorganismen.

Bodenzonen in sauerstofflosen Tiefenwasserregionen weisen in der zeitweilig belüfteten Grenzschicht noch Wurmarten wie z. B. den Tubifex (Schlammröhrenwurm) im Sediment auf, die mehrere Monate nahezu anaerob (sauerstoffarm) überdauern können. Organische Substanz wird nur mehr durch Bakterien, die keinen Sauerstoff zur Atmung benötigen, langsam abgebaut. Zumeist sind die Abbauraten geringer als die

Kontrast im Grün: ein rotes Seerosenblatt.

stetige Zufuhr des herabsinkenden Materials, sodaß im Laufe der Zeit die nur teilweise abgebauten Sedimente immer größere Mächtigkeiten erreichen. Der See verlandet. Geschiebe von Flüssen und Bächen beschleunigen diesen über Jahrtausende währenden Vorgang.

Die Böden der ufernahen Bereiche:
Sobald ausreichend Licht in das Wasser eindringen kann, vermögen höhere Wasserpflanzen teils große Bestände zu bilden, die den See gürtelförmig umgeben können. Mitunter entstehen bizarre Bewuchsmuster, die im Spätsommer ihre größte Entfaltung erfahren. Charakteristische Tiefenzonierungen lassen Abfolgen von Armleuchteralgen und Laichkrautarten von zehn bis zwei Meter Wassertiefe erkennen, in seichteren Zonen folgen Schwimmblattgewächse und Schilf. Im Übergang zum Ufer wachsen Binsen und Seggenbestände. Uferferne Untiefen zeigen bisweilen besonders üppigen Unterwasserpflanzenbewuchs und reichhaltige Fischbestände.
Dichte Pflanzenbestände bieten vielen Tierarten Schutz und Nahrung. Zahlreiche Fischarten nutzen sie als Laichgebiet und Kinderstube. Mit wenigen Ausnahmen finden sich hier Vertreter der meisten Tiergruppen, beginnend mit meist unauffälligen Formen wie Schwämme, Nesseltiere, Moostierchen über die verschiedensten Arten von Insektenlarven, Schnecken, Krebse, Frösche u. a. m.

Die Lebensgemeinschaft der Wasseroberfläche:
In windgeschützten Buchten nährstoffreicher Seen und Teiche bilden Wasserlinsen schwimmende Pflanzenteppiche. Die Früchte der mittlerweile sehr seltenen Wassernuß dienten frühzeitlichen Pfahlbaubewohnern als Nahrung. Reste versunkener Pfahlbauten aus der Hallstattkultur am Keutschacher und Hafner See zeugten von der Bindung früher Siedler an den Lebensraum See mit seinem Nahrungsreichtum.
Die Wasseroberfläche ist Lebensraum von Wasserläufern mit langen Fußgliedern, die von der Oberflächenspannung des Wassers getragen werden. Rücken-

schwimmer ergreifen ins Wasser gefallene Insekten und saugen sie mit ihrem Rüssel aus.
Besondere Anpassung der Augen an diesen Lebensraum weisen Taumelkäfer auf, wobei ein Teil der Komplexaugen die Oberfläche nach möglichen Beutetieren beobachtet, während der andere Augenteil das Geschehen unter Wasser und damit Räuber wahrnehmen kann.

Vögel und Reptilien:
Vögel haben sehr unterschiedliche Bindungen zum Lebensraum der Gewässer, die hauptsächlich von Aspekten der Nahrungssuche und der Fortpflanzung bestimmt sind. Manche Arten verbleiben jahresdurchgängig, andere verbringen die warme oder zumindest eisfreie Jahreszeit im Umfeld von Seen und fließenden Gewässern, eine dritte Gruppe setzt sich aus Durchzugsgästen zusammen, die während ihrer Wanderungen von nördlichen Brutgebieten zu mediterranen oder afrikanischen Überwinterungsgebieten Zugunterbrechungen einlegen.
Da die Seen Kärntens zumeist im Hochwinter über längere oder kürzere Zeitspannen von einer Eisdecke bedeckt werden, verbleiben Vogelarten, die ihre Nahrung in Gewässern suchen, nicht ganzjährig hier.
Seltene Durchzugsgäste sind Pracht- und Sterntaucher, Kraniche, Kormorane, Fischadler und eine Vielzahl von Enten-, Taucher- und Gänsearten.
Zu den wenig bekannten Brutvögeln gehören Gänsesäger, Schwarzstorch, Zwergrohrdommel, Rohrdommel, Beutelmeise und andere, während häufige und weitverbreitete Arten wie Hauben- und Zwergtaucher, Bläßhühner, Teichhühner, Höckerschwan und Stockente an den meisten Seen anzutreffen sind.
Verlandungsgebiete, Moore und sumpfige Flächen erfüllen die ökologischen Ansprüche des Brachvogels, der Rohrdommel, Rohrammer u. a. m.
Von den heimischen Reptilienarten jagt die nicht giftige Würfelnatter vorzugsweise in stehenden und langsam fließenden Gewässern nach Fischen und Amphibien; auch die Ringelnatter geht gerne ins Wasser, zeigt jedoch eine nicht so starke Bindung zum Lebensraum Wasser wie die Würfelnatter.

Hasel an der Angel. Sportfischen ist eine beliebte Freizeitbeschäftigung in Kärnten.

Säugetiere:
Zu den wenigen sich vorzugsweise im Uferbereich aufhaltenden Säugetieren zählen die Wasserspitzmaus, die Bisamratte und der in Kärnten auf wenige Exemplare verschwundene Fischotter, die reliktartig noch in den Auengebieten einiger Flußsysteme vorkommen.

Verlandung, Übergang zum Moor und letztes Stadium von Seen:
Die ständigen Verlandungsprozesse werden in den Anfangsstadien der Seenentwicklung vor allem durch den Eintrag von Geschiebe aus einmündenden Zuflüssen dominiert; zunehmende Algenentfaltung, in besonderem Maße jedoch abgestorbenes Pflanzenmaterial aus Unterwasser- und Uferpflanzen verschieben das Gleichgewicht zwischen Produktion und Abbau am Gewässergrund so, daß die abbauenden Prozesse mit den Mengen abbaufähiger Substanz nicht mehr Schritt halten können und sich die Verlandungsgeschwindigkeit erhöht. Es entstehen immer größere Seichtwasserzonen, die bewachsenen Flächen vergrößern sich, uferseitig entstehen Flachmoore.
Schwingrasen sind auf der Wasseroberfläche schwimmende Pflanzendecken, sie werden aus Geflechten von Schilfsprossen und anderen Wasserpflanzen gebildet. Die darunterliegenden Höhlungen sind Verstecke für Krebse, Kröten und eine Vielzahl von Fischen.
Im fortgeschrittenen Verlandungsstadium verkleinert sich die Wasserfläche so sehr, daß nur mehr zersplitterte Restwasserflächen (Schlenken) zwischen den Pflanzenpolstern (Bülten) verbleiben. Bei der nur unvollständigen Zersetzung des toten Pflanzenmaterials entstehen Huminsäuren, die den Säuregehalt des Wassers vermehren und bräunliche Färbungen hervorrufen. Der Wasserhaushalt eines solchen Moores wird zunehmend durch die nährstoffarmen Niederschläge bestimmt, im Zusammenhang mit weiteren Stoffwechselprozessen nimmt der Mineralien- und Nährstoffgehalt der verbliebenen Wassermenge stark ab.
Diese Veränderungen bedingen wieder eine Umstellung der Lebensgemeinschaften, insgesamt ergibt sich gegen-

über gesunden Seen ein Rückgang der Artenvielfalt der tierischen und pflanzlichen Lebensgemeinschaften.
Die charakteristische Flora verändert sich unter diesen Bedingungen, Torfmoose kommen auf. Fleischfressende Pflanzenarten, wie Sonnentau, beziehen zusätzliche Nährstoffe aus den gefangenen und verdauten Insekten. Im Schlenkenwasser gedeihen Arten des Wasserschlauchs. Kleinkrebschen und Rädertiere werden mit Unterdruck in schlauchförmigen Fangkammern gefangen und danach mit Verdauungssäften aufgelöst. Viele in Mitteleuropa schon seltene Pflanzen (Orchideen, Latschen oder Strauchbirken) finden sich in diesen Hochmooren.
Es gibt eine Vielzahl von Moortypen, deren Entstehung auf unterschiedliche Ursachen zurückzuführen sind.

Menschliche Nutzungen und Beeinflussungen dieser Lebensräume:
Seit den frühesten bekannten Nutzungsformen durch Pfahlbausiedler intensivierten sich die verschiedenen Ansprüche und Eingriffe vorerst unmerklich, in jüngerer Vergangenheit immer stärker. Fischfang und Jagd auf Wasservögel führten zu wenigen Eingriffen in die landschaftliche Struktur. Die mannigfaltigen Beeinflussungen des vergangenen Jahrhunderts und der Gegenwart, wie Landgewinnung für landwirtschaftlich genutzte Flächen, Siedlungsraum, Torfstiche, Anlegung von touristischer Infrastruktur mit Nutzungen zum Zwecke der Erholung und sportlichen Aktivität bis zu den Folgeproblemen wie mißbräuchliche Abfallentsorgung und Abwassereinleitungen, führten zu komplexen Veränderungen sowohl verschiedener Teile der Lebensgemeinschaften, des Landschaftsbildes und zuweilen auch der Wasserqualität. Irreversible Veränderungen werden durch stärkeres Umweltbewußtsein und gesetzliche Maßnahmen mittlerweile stark eingeschränkt, Bemühungen zur Reinhaltung von Luft und Wasser zeitigten an Seen deutliche Verbesserungen.
Kärnten zählte zu den ersten Bundesländern Österreichs, in denen umfassende Ringkanalisationen errichtet wurden, die zusammen mit anderen Einrichtungen,

wie Tiefenwasserableitungen und zuletzt auch einer Tiefenwasserbelüftung, zu erfolgreichen Wasserqualitäts-Verbesserungen beitrugen. Die mustergültige Sanierung der Kärntner Seen fand übrigens weltweite Anerkennung. Im Jahre 1990 wurde das Land Kärnten mit dem Umweltpreis „TOURISM FOR TOMORROW AWARDS" (European winner for clean Lakes in Carinthia) ausgezeichnet.

Die Pfahlbauten, ein Mysterium

Vor vielen tausend Jahren lebte in Kärnten ein Volk, das seine Häuser auf Pfähle stellte, Ton und Metall kannte, Brot aß und Rinder hielt, auf die Jagd ging und Fischfang betrieb. Rätselhaft blieben die Menschen selbst. Nie wurde ein Grab gefunden, nur selten ein einzelner menschlicher Knochen. Wer waren diese geheimnisvollen Fremden?

Inmitten des Keutschacher Sees, auf einer Fläche von etwa 1130 m², errichteten die Pfahlbauer ihr Dorf. Die versunkene Siedlung wird an ihrer höchsten Erhebung nur von knapp eineinhalb Meter trüben Wasser überspült. Bei guter Sichttiefe, was allerdings im trüben Wasser des Keutschacher Sees recht selten vorkommt, kann man vom Boot aus die Pfähle sehen!

Das Pfahlbauzeitalter erstreckt sich von ca. 5000 v. Chr. bis 2000 v. Chr., von der Jungsteinzeit bis in die Anfänge der Bronzezeit. Nach heutigem Wissen unterschieden sich die Seeuferbesiedler von den heutigen Menschen nur unwesentlich. Trotz ihrer geringeren Körpergröße würden sie, wie Anthropologen festgestellt haben, in moderner Kleidung kaum zwischen den jetzt lebenden Generationen auffallen. Nahrungsmäßig mußten die Pfahlbaumenschen wenig darben. Sie hatten sogar Getreide für Brot. Es ähnelte dem heutigen Pumpernickel und ist erwiesenermaßen das älteste Brot, das je gefunden wurde. Auch eine Art Kaugummi kannten die Steinzeitmenschen der Feuchtbodengebiete. Gewonnen wurde er aus Birkenpech. Strittig ist die Frage, ob die Pfahlbauer friedlich oder kriegerisch waren. Alle gefundenen Waffen konnten sowohl der Jagd, dem Angriff oder der Verteidigung dienen. Streitäxte, Steinbeile sowie Pfeil und Bogen hatten eine verblüffende Qualität. In Keramikgeschirr kochte man Hirsebrei, Eintöpfe und Fleischgerichte. Feuer war allerdings ein Problem, das man nie so richtig im Griff hatte. Nachweislich brannten die Pfahlbausiedlungen von Zeit zu Zeit ab, wenn unsachgemäß mit der offenen Flamme hantiert wurde. Entzündet wurde das Feuer durch Silex, auch Feuerstein genannt. Silex fand vielseitige Verwendung in Werkzeugen und Waffen, denn er kann, wenn die bruchtechnischen Eigenschaften bekannt sind, rasiermesserscharf gebrochen und verarbeitet werden.

Archäologen vermuten, daß der Plattensilex möglicherweise aus Deutschland (bayrischer Raum) importiert wurde, Kreidefeuerstein könnte aus Frankreich gestammt haben. Das würde bedeuten, daß die Pfahlbaumenschen in gewissem Umfang Handel betrieben. Dafür sprechen würde das Phänomen der europäischen Pfahlbauten, die sich eigenartigerweise alle um die Alpenregion gruppieren. Waren die Feuchtbodenbewohner eine gemeinsame Rasse, die sich in verschiedene Stämme spaltete und eigene Landesteile besiedelte?

Welches Volk hat hier gelebt? Mysteriöse Pfahlbaufragmente im Keutschacher See.

Die Feuchtbodenbewohner haben sich schon vor einigen tausend Jahren an Schmuck erfreut.

Bereichernd für den Speisezettel muß der Fischfang gewesen sein. Grätenreste weisen darauf hin, daß man damals die gleichen Fische aß wie heute. Netze, Angelhaken, Netzsenker und reusenähnliche Konstruktionen waren bereits bekannt. Ungeklärt ist, ob die Pfahlbauer schwimmen konnten. Angenommen wird es, denn die Fischer aus jenen Tagen stellten Hechten und Wallern von Einbäumen aus nach. Nach Aussage griechischer Geographen und Geschichtsschreiber wurden zumindest die Kinder mit einer Schlinge um den Fuß vor dem Ertrinken gesichert.

Hunde kamen in den neolithischen Ufersiedlungen häufig vor. Die einem Spitz ähnelnden Haustiere waren fester Bestandteil der Nahrung. Der domestizierte Nachfahre des Wolfes war Jagdgefährte und lebende Vorratshaltung zugleich. Auch Schweine und Rinder scheinen in größerem Umfang gehalten worden zu sein.

Neben dem täglichen Kampf ums Überleben fand man dennoch Zeit für die Schönheiten und angenehmen Dinge des Lebens. Schmuck gefiel damals wie heute. Armbänder, Ketten, Perlen und Anhänger aus verschiedenen Materialien zierten die Bewohner der Pfahlbauten.

Überraschungen brachten die Analysen der Pfahlhölzer zutage. Neben weichen Nadelhölzern fanden auch extrem harte und widerstandsfähige Sorten, wie Eiche und Nußbaum, Verwendung. Bis über zwei Meter Tiefe trieb man die Pfähle in den Schlamm der Uferzone.

Versunkene Pfahlbaudörfer riefen schon vor Jahrzehnten Plünderer und Raubtaucher auf den Plan, die ungestört die Grabungsstätten plünderten. Die Holzstadt im Keutschacher See ist leider davon auch betroffen. Der Schaden ist immens, weil die Fundstücke an reiche Sammler verkauft wurden und somit verloren sind. Die Sammelwut privater Archäologen und vieler Museen spornte geschickte Imitatoren zum Fälschen von Pfahlbaufunden an. In Deutschland erfuhr man von Betrieben, die ihre Artefakte für zwei bis drei Jahre in Seeschlamm vergraben und dann erfolg-reich als „antik" angeboten hatten. Die Exponate liegen heute in allen Museen der Welt, können aber von echten Exponaten nur schwer unterschieden werden, weil es keine Methode gibt, später bearbeitete Steine von echten alten zu unterscheiden.

Etwa 2000 v. Chr. endet die Zeit der Seeufersiedler. Weshalb ihre Kultur unterging und wohin die Menschen aufbrachen, kann nicht mit letzter Sicherheit gesagt werden. Rätselhaft ist auch, warum diese Entwicklung in ganz Europa an allen großen Seen parallel verlief. Wer waren die Pfahlbaumenschen, woher kamen sie und

Waffe oder Werkzeug? Die Pfahlbauer waren geschickte Handwerker.

wohin trieb sie ihr Schicksal? Ein großes Geheimnis ruht in der Pfahlbaustadt im Keutschacher See, wo ein Volk 3000 Jahre lebte und über Nacht verschwand, ohne ein Grab oder einen Leichnam zu hinterlassen.

Der Wörther See, die Seele Kärntens

So nennt man den Wörther See seiner Lage, der Größe und der geographischen Schönheit wegen. An seinen Ufern verbringen jährlich Tausende ihren Urlaub. Wer aber kennt seine Geheimnisse unter der Wasseroberfläche?

Mit einer Fläche von fast 19,5 Quadratkilometern ist der Wörther See der größte See in Kärnten und der drittgrößte in Österreich, übertroffen nur noch vom Attersee und Traunsee in Salzburg. Sein Volumen beträgt etwa 817 Millionen Kubikmeter. Würde man ihn entleeren, müßten seine Zuflüsse elf Jahre lang Tag und Nacht fließen, um ihn wieder zu füllen. An seiner tiefsten Stelle mißt er 85 Meter, und er gibt pro Sekunde an seinen Abfluß, die Glanfurt, durchschnittlich 2460 Liter Wasser ab.

Im Sommer erwärmt sich die obere Wasserschicht auf Badewannentemperatur: In der Uferzone maß man schon 28°C, selbst in der Seemitte können es 26°C werden. Seine Beliebtheit als sauberes Badegewässer hat ihn europaweit bekannt gemacht.

Begibt man sich unter die Wasseroberfläche, öffnet sich eine geheimnisvolle Welt. Ab 50–60 Meter Tiefe beginnt eine stagnierende Tiefenwasserzone. Eine Durchmischung der unteren Wasserschichten findet nicht statt, diese Welt ist sauerstofffrei und weitgehend ohne Leben. Fische können dort unten nicht existieren. Die leblose Zone beginnt bereits ab etwa 40 Metern, dort ist man mit sich und der ewigen Nacht allein. Eisiges Wasser von nur 4°C und unheimliche Steilwände, die ins Bodenlose stürzen, lassen Beklemmnis aufkommen. Erleichtert taucht man an einer Untiefe auf, wo der Pflanzenbewuchs meterhoch zum Licht rankt. Diese Untiefen sind wie pulsierende Jahrmärkte. Aale, Waller, Hechte, Barsche, Laubenschwärme, Schleien und Karpfen suchen dort Nahrung, Beute oder Schutz. An manchen Stellen reichen die unterseeischen Erhebungen so weit hoch, daß man dort stehen kann.

Ausgedehnte Schilf- und Seerosengürtel beherbergen eine vielfältige Fauna, Wasserfrösche, Ringel- und Würfelnattern, Bläßhühner, Enten und Möwen. Die großen Schlammflächen vor den Badeanstalten und die stillen Buchten sind die Ruheplätze mächtiger Waller. Riesen von über zwei Meter Länge liegen hier und verbringen den Tag in ihren Schlafkuhlen. Vogelfedern und Skelette argloser Enten sind stumme Zeugen erfolgreicher Beutezüge des größten Raubfisches Kärntens.

Daß der Wörther See in den Sommermonaten trüb wird, liegt einerseits an Kalkteilchen, die infolge von Sonneneinfall durch Algen aus gelöstem Bikarbonat gebildet werden, andererseits an dem hohen Anteil von Schwebealgen, dem sogenannten Phytoplankton. Im Herbst verbessert sich die Sicht und reicht bis zu 7 Meter in die Horizontale. Hygienisch sauber ist der Wörther See hingegen rund ums Jahr. Wer badet und versehentlich einen Schluck nimmt, kann beruhigt sein. Ihm wird nichts passieren.

1974 wurde vermutlich durch Sportboote die Wandermuschel in den See eingeschleppt. Seitdem hat sie sich

Im Wörther See sind kapitale Brachsen auch im Flachwasser zu beobachten.

rasend vermehrt und über den ganzen See ausgebreitet. Aber weil Wandermuscheln zur Leibspeise des Bläßhuhns zählen, hat dessen Bestand ebenfalls stark zugenommen. Ein weiterer exklusiver Bewohner des Wörther Sees ist der Forellenbarsch, der Berichten zufolge durch einen Teichbruch aus den Schloßteichen in Velden in den See gelangte und zeitweise solche Populationen bildete, daß er zahlenmäßig den Hecht übertraf. Heute bildet der Forellenbarsch nur noch kleine Gruppen unter Bootsstegen, in den Seerosenwäldern und im Schilfgürtel. Die Bestände wurden durch die großen Raubfische (Waller, Zander, Hechte) auf ein erträgliches Maß reduziert, die normale ökologische Anpassung ist erfolgreich verlaufen.

Außergewöhnlich ist das Vorkommen der Mairenke, die sonst in keinem Gewässer Kärntens zu finden ist. Mairenken sehen den Reinanken täuschend ähnlich, werden demzufolge häufig verwechselt, was in früheren Jahren auf dem Klagenfurter Markt zu betrügerischen Verkäufen animierte.

Beträchtlich und ökologisch für den See kaum vertretbar ist der Aalbestand. Exemplare von weit über einem Meter Länge hausen im See und erinnern oft schon an Muränen. Auch gezieltes Abfischen brachte nur wenig Erfolg, den ungeliebten Fisch wieder zu entfernen, der in den sechziger Jahren durch Besatzmaßnahmen in den Wörther See gelangt war. Gering blieben hingegen die Populationen von Amur und Tolstolob, von denen man sich beim Besatz in den siebziger Jahren ökologisch und wirtschaftlich etwas mehr versprochen hatte. In einigen Zuflüssen findet man Edelkrebse, Bach- und Regenbogenforellen.

Eine häufige Algenart ist die Burgunderblutalge, fälschlicherweise oft als „Rotalge" bezeichnet. Im Frühjahr ist sie fast gleichmäßig bis in 30 m Tiefe verteilt, im Winter hingegen kommt sie durch die jahreszeitlich bedingte Umwälzung des Sees zur Oberfläche und kann weite Teile des Sees rötlich färben, ein Vorgang, der übrigens völlig normal ist. Nur extrem kalte Winter bewirken, daß der Wörther See komplett zufriert und eine bis 30 Zentimeter dicke Eisdecke bildet. Dann wimmelt es bald von Schlittschuhläufern und manch wagemutiger Kärntner wagt sich sogar mit dem Auto auf den See. Einer von ihnen stellte einmal sein Gefährt an einer Würstchenbude mitten auf dem See ab, ließ den Motor laufen und aß seine Jause. Währenddessen taute der hitzeabstrahlende Motor das Eis auf, und der Wagen versank vor den Augen des entsetzten Würstlessers auf Nimmerwiedersehen in den dunklen Fluten.

Der Ossiacher See, die Wallerhochburg

Von den Touristen geliebt, von Anglern, Tauchern und Waffensammlern gleichermaßen geschätzt wird der Ossiacher See, ein geologisch interessanter See mit hervorragendem Fischbestand.

An seiner tiefsten Stelle mißt der Ossiacher See knapp 53 m, hat aber nur eine mittlere Tiefe von 20 m. Unterseeisch wird er durch eine Schwelle in 10 m Tiefe praktisch in zwei Teile zerlegt, in ein kleines flaches und in ein großes tieferes Becken.

Jahreszeitlich wird der Wasserkörper bis zum Grund durchmischt und mit Sauerstoff versorgt. Im Sommer steigt die Oberflächentemperatur auf 24–26 Grad an. Er ist also ein idealer Badesee. Allerdings wird es schon in einer Tiefe von 5–8 Metern erheblich kälter. Vom Frühjahr bis in den Spätherbst hinein gibt es strenge Wasserschichtungen, die man spürt, wenn das Bad mit einem Kopfsprung beginnt. Vorheriges Abkühlen ist ratsam.

In den sechziger Jahren gelangte die Wandermuschel in den See, die heute große Bestände auf Steinen, Holzbohlen und Bruchholz bildet. In heißen Sommern tauchen oft wie aus dem Nichts Süßwassermedusen auf. Das sind kleine Quallen von bis zu 5 cm Durchmesser – für Menschen absolut ungefährlich. Die transparenten Medusen stammen aus dem ostasiatischen Raum (China, Rußland). Wie sie in den Ossiacher See gelangten, ist rätselhaft. Süßwasserquallen können sich nur bei bestimmten Temperaturen und entsprechendem Umfeld halten. Im Ossiacher See scheinen die Bedingungen ideal für ihr Überleben zu sein.

Heimisch ist auch der Edelkrebs, das wertvollste Schalentier unserer Heimat. Man vermutet, daß einzelne Exemplare den Weg über Zuflüsse aus den Ossiacher Tauern in den See gefunden und sich dort vermehrt haben.

Unter Fischern gilt der Ossiacher See als Brachsengewässer. Untersuchungen bestätigen, daß der Brachsenfang fast 40 % ausmacht. Hechte, Karpfen und Schleien finden sich ebenfalls in großer Zahl. Biologisch einmalig ist die Wallerburg bei Annenheim. Nirgendwo in Kärnten leben so viele Waller auf einem Fleck. Hier konnten wir auch eine Wallerhochzeit filmen und fotografieren, die erste und einzige Dokumentation dieser Art im Freiwasser. Die Wallerburg besteht aus übereinandergeschichteten Bohlen mit vielen Hohlräumen und einem großen Steg bzw. einer Plattform darüber. Badende, die hier ins Wasser springen, Angler, die hier fischen, wissen sicherlich nicht, daß unweit unter der Wasseroberfläche Kärntens letzte Riesen sich ihr Stelldichein geben. Als Wallersee ist das Gewässer seit Jahrzehnten bekannt. Der größte gefangene Wels maß unglaubliche 2,3 m. Große Teile der Uferzonen sind mit dichtem Kraut bewachsen, in dem man die Waller am Tage aufspüren kann.

Anfang der 80er Jahre wurden in den Ossiacher See Reinanken eingesetzt, die sich gut entwickelten. Als einer der wenigen Seen beherbergt er auch noch die vom Aussterben bedrohten Aalrutten – zwar in kleiner Zahl, aber immerhin. Auch der bereits vor Jahrzehnten eingebrachte Aal treibt noch in großer Zahl sein Unwesen. Er plündert die Laichbänke der Edelfische und verfolgt deren Brut. Erstaunlicherweise konnte sich der potentiell gefährdete Bitterling halten, und auch Schmerlen, die man sonst in fast keinem See findet, scheinen sich hier wohl zu fühlen.

Schon früh hat man die Bedeutung des Ossiacher Sees für den Fremdenverkehr erkannt. Eine weitsichtige Entscheidung wurde getroffen, als sieben naturbelassene See- und Uferbereiche zu Natur- und Landschaftsschutz-Gebieten erklärt wurden.

Starken Belastungen war das Gewässer in den siebziger Jahren durch den zunehmenden Urlauberstrom ausgesetzt. Trotzdem konnte die hygienische Situation der Badebereiche auf hohem Niveau gehalten werden. Die jährlichen Untersuchungen zeigen schon seit langem: Der Ossiacher See ist ein gesundes Gewässer.

Versunkene Bäume bilden oft ganze Wälder.

Wasserpflanzen sind wichtig für die Wasserqualität.

Die Waffentaucher

Im Schlamm des Wörther Sees und des Ossiacher Sees, des Längsees und Wolayersees liegt ein umfangreiches Waffenarsenal aus Bajonetten, SS-Dolchen, Gewehren, Munition, Granaten und Pistolen. Auch Sprengstoff wurde hier von NS-Angehörigen und den Alliierten versenkt. In Waffentaucherkreisen gelten diese Seen als Fundgrube, schon deshalb, weil sie nicht besonders tief sind. Manches liegt im Schnorchelbereich. Obwohl der Zahn der Zeit einiges verrotten ließ, machen Experten die betagten Sammlerobjekte wieder funktionstüchtig. Die Gendarmerie versteht da aber keinen Spaß. Wer erwischt wird, zahlt ein hohes Bußgeld.

Viele der hochgehandelten Relikte stammen aus dem Dritten Reich. Als die Besatzungstruppen einmarschierten, haben einheimische Nazis und Sympathisanten ihre Waffen kurzerhand in das nächstgelegene Gewässer geworfen. Wer hätte sie auch bergen sollen? Der Tauchsport war damals noch nicht erfunden. Ähnlich dachten wohl auch die Alliierten. Ganze Wagenladungen wurden in den großen Wasserbecken des Ossiacher Sees, aber auch des Wörther und Millstätter Sees

versenkt. An manchen Stellen ragen immer noch Stielhandgranaten wie Steckmuscheln aus dem Schlamm, oftmals in der Nähe von Badeplätzen, Schwimmbädern und Campingzentren. Allerdings sind diese ungefährlich für Badende, weil sie zu tief liegen. Die Anzahl der Waffendeponien in Kärntner Gewässern ist bedenklich. Selbst im hochgelegenen Wolayersee in den Karnischen Alpen, Kärntens einzigem Gewässer, durch des-

Schußwaffen aus den letzten Weltkriegen werden immer wieder von Waffentauchern gefunden.

Solche Funde müssen der Polizei gemeldet werden.

sen Mitte die Grenze zu Italien verläuft, fanden Taucher zündfähige Handgranaten. Daneben stößt man je nach Fundstätte auf Wehrmachtshelme, Hitlerbüsten, Hakenkreuzfahnen und Nazidolche.

Leider üben Waffen nicht nur eine abschreckende Wirkung aus. Für manche Zeitgenossen haben sie die Anziehungskraft eines Magneten.

In regnerischen, mondlosen Nächten gleiten Waffentaucher ins Wasser und lassen sich im freien Fall bis in gefährliche Tiefen von mehr als 50 Meter hinabsinken. Dort unten tauchen sie bis zum Oberkörper in den Schlamm, den sie dann nach Waffen und Sprengstoff durchsuchen. Getrieben werden diese „Helden" von Waffenfieber und Abenteuermanie, aber auch vom Gewinnstreben, denn der Schwarzverkauf erbringt höchste Summen.

Nicht immer geht es heil ans Ufer zurück. Schon mancher Waffentaucher mußte diesen Wahnsinn mit dem Leben bezahlen. Vor den Kontrollen der Gendarmerie schrecken die Profis ebensowenig zurück wie vor der Lebensgefahr. Die Waffen werden in Ufernähe deponiert und oft erst Tage später unauffällig geborgen. Wie uns ein Waffentaucher vor Jahren gestand, rechnet man noch mit dem Auffinden von mehr als hunderttausend Karabinern, ebenso vielen Wehrmachtsdolchen und Bajonetten, Tausenden von Handgranaten und mehreren Tonnen Sprengstoff, teils in Ölpapier eingewickelt und in speziellen Waffenkisten verpackt.

Eine sachgemäße Entsorgung der Seen wäre dringend notwendig, läßt aber teils aus Fahrlässigkeit, teils aus finanziellen Gründen auf sich warten.

Hieb- und Stichwaffen liegen noch in großer Zahl im Schlamm der Uferzonen.

Der Millstätter See, ein grünes Universum

Der Millstätter See liegt einem Juwel gleich inmitten der Nockberge und ist mit 141 m das tiefste Gewässer Kärntens. Das Landschaftschutzgebiet Millstätter See-Süd gehört zu den schönsten im Land.

Die steilen Uferböschungen seiner südlichen Hälfte erschwerten die Besiedlung, sodaß sich der Millstätter See hier nahezu unverbaut darstellt, was ihn den Urlaubern in den Ferienorten Millstatt, Seeboden, Döbriach oder Dellach so unvergleichlich macht.

Obwohl der Millstätter See etwas kühler als die anderen Badegewässer Kärntens ist, zeigt er sich recht temperaturstabil. In der Seemitte steigt die Wassertemperatur selten über 22°C, im Uferbereich mißt man aber regelmäßig 24°C, manchmal auch etwas mehr. Das Tiefenwasser stagniert ab 50 m, eine Durchmischung bis zum Grund kommt selten vor. Im Jahre 1977 wurde infolge starken Windeinflusses der See bis zum Grund durchmischt und mit Sauerstoff versorgt. Nachdem in den Jahren 1972 und 1973 verstärktes Algenwachstum den Badebetrieb zum Erliegen brachte – dicke Algenteppiche als Folge von Abwassereinleitungen bedeckten fast den ganzen See – wurde der Ausbau einer Kanalisation vorangetrieben, die das ursprüngliche ökologische Gleichgewicht wiederherstellte. Auch das Magnesitwerk in Radenthein belastet heute das Gewässer durch industrielle Einleitungen nicht mehr. Der Millstätter See hat Trinkwasser-Qualität!

Steigt man in seine grünen Fluten und taucht an den Uferpromenaden entlang, wähnt man sich in einem tropischen Korallenriff. Schwärme von Fischen bevölkern die Pflanzenwälder, ganze Wolken von Barschen, Lauben und Rotaugen schwimmen auf und ab, dazwischen lauern Hechte auf Beute. Zerbrechliche Algengebilde, in zartem Grün schimmernd, überwuchern die Abhänge. Wandermuscheln haben auf Steinen surrealistische Muster gebildet, in dicken Trauben geordnet filtern sie das Wasser. Im Umkreis der Muschelbänke herrscht eine überraschende Transparenz.

1925 wurden die ersten Renken aus dem Hallstätter See eingesetzt. Später erfolgte ein Besatz von Maränen aus Norddeutschland, die sich zwischenzeitlich im Millstätter See zur Hauptfischart entwickelten, noch vor Saiblingen und Seeforellen. Im Mittel werden die Maränen 3 kg schwer, der jährliche Fang liegt bei über zwei Tonnen. Starke Bestände weisen auch die Barsche auf, die im See relativ großwüchsig sind (bis ein Kilogramm) und in dichten Pulks am Ufer stehen. Auch Waller und Zander werden überdurchschnittlich groß. Als einziger See Kärntens beherbergt er die seltenen Kaulbarsche, anmutige Fische, schwer zu fangen, weil sie sich in den Schwärmen ihrer Verwandten, den Flußbarschen, verstecken. Es wird vermutet, daß sie bei Besatzmaßnahmen im Jahre 1987 aus Frankreich eingeschleppt wurden. Der Fauna und Flora haben sie nicht geschadet.

Ein Mysterium umgibt den Aalfang. Dieser in den 60er Jahren eingesetzte Wanderfisch kann aus dem Millstätter See nicht abwandern. Trotz intensivster Mühen – auch mit Elektrobefischung – und tonnenweiser Fänge scheint der Aalbestand nicht zu schrumpfen. Was die Angler immer wieder verblüfft, ist die merkwürdige Tatsache, daß regelmäßig neben großen auch kleine, sie meinen Jungaale, gefangen werden. Fortpflanzen können sich die Aale aber nur in der Sargassosee im berüchtigten Bermuda-Dreieck. Seit Jahrmillionen wandern sie aus den Flüssen und Seen dorthin, um abzulaichen. Daß sich im Millstätter See eine Evolution vollzogen haben könnte, an deren Ende das Ablaichen von Aalen im Süßwasser steht, ist biologisch nicht haltbar, auch wenn die Fischer am See anderer Meinung sind. Wenn aber der Aal im Millstätter See nicht ablaicht und trotzdem immer wieder Jungtiere gefangen werden, läßt das nur einen Schluß zu: Jemand setzt heimlich Glasaale in den See. Nur wer?

Kleine Zander sind erfolgreiche Jäger in der Uferzone.

Atemberaubendes Tauchen zwischen uralten Baumriesen.

Der Weißensee, Juwel der Gailtaler Alpen

Als eines der klarsten und saubersten Gewässer der Region liegt er im größten Landschaftsschutzgebiet Kärntens. Für Taucher, Schnorchler und Badende ist er eine Perle in den Gailtaler Alpen.

Mit knapp 100 m Tiefe zählt der Weißensee zu den tiefsten Seen Kärntens. Stellenweise fallen die unterseeischen Wände senkrecht ins Bodenlose hinab. Bei einer durchschnittlichen Breite von nur 500 bis 600 m zieht er sich stolze 11,5 km in die Länge. Auffällig ist seine türkisblaue Wasserfarbe, deren Kolorierung durch Lichtbrechung an den Milliarden winziger Kalkpartikeln entsteht, die im Wasser treiben. Nach heftigen Regenfällen und während der Schneeschmelze kann eine milchige Trübung auftreten, das Wasser klärt sich jedoch schnell wieder. Seinen Namen verdankt er nach Aussagen der Anwohner dem weißlichen Uferschlamm, der aus Kalk besteht.

Das Leben im Weißensee spielt sich in den oberen Wasserschichten ab. Unterhalb von 40 m Tiefe verbleibt der Wasserkörper in ständiger Stagnation. Man nennt solche Seen „meromiktische Gewässer". Das Tiefenwasser ist nahezu frei von Sauerstoff und dementsprechend leblos. Hierdurch können versunkene Gegenstände, Tier- und Menschenkörper oder abgestorbenes Blattwerk über Jahrzehnte konserviert und sogar in ihren Farben erhalten bleiben.

Im Uferbereich stehen ungewöhnlich viele Hechte. In den See gefallene Bäume bieten vielfachen Unterschlupf für Karpfen, Schleien und Rotaugen, und im Freiwasser lauern riesige Seeforellen, hier „Weißensee-Lachse" genannt. Die kraftvollen Fische rauben fast alles, was ihnen vors Maul schwimmt, auch kleine Hechte. Einige der Salmoniden-Giganten werden über 1,2 m lang bei mehr als 20 kg Körpergewicht, eine ständige Gefahr für alle neugierigen Jungfische, die sich aus der schützenden Uferzone hinauswagen. Die im Weißensee ansässige Seeforelle wird, um ihren Bestand zu sichern, in der Brutanlage in Neusach gezüchtet.

Seit 1934 beherbergt der 930 m hoch gelegene Bergsee auch Reinanken, die speziell mit der Hegenen-Fischerei-Methode geangelt werden. Auch Exoten sind vorhanden, wie die asiatischen Amur-Karpfen und goldgelbe Forellen. Recht wohl fühlt sich im Weißensee der Steinkrebs. Das kalkhaltige Wasser begünstigt die Aushärtung der Chitinpanzer bei der Häutung. Daneben ergänzen Gründlinge, Rotfedern, Aitel, Zander und Elritzen die Fauna; in den glasklaren Zu- und Abflüssen stehen reviertreue Bachforellen. Trotz seiner Höhenlage kann sich im Sommer das Wasser in den Flachzonen bis über 22° erwärmen.

Die Unterwasserlandschaft wird außerdem durch Rasen von Armleuchteralgen und Tausendblattwäldern geprägt, in denen die Fischbrut steht.

Versunkene Fischerboote sind die Zeugen vergangener dramatischer Ereignisse. Ein Unglück, das sich Anfang der 80er Jahre zutrug, ist noch heute in aller Erinnerung: Ein Jäger war einem Hirsch auf der Spur. Das kapitale Tier, vermutlich ein Sechzehnender, war von dem Weidmann angeschossen, in wilder Panik auf und davon geflohen und eine Steilwand hinab in den See gestürzt. Erschöpft und geschwächt durch den Blutverlust, versank er vor den Augen des Jägers. Dieser, die Trophäe seines Lebens vor Augen, bekniete zwei Sporttaucher, das Tier, vor allem aber das Geweih zu bergen. Doch an dieser Stelle war der See ca. 90 m tief. Die Jagdpassion führte zur Tragödie: Was sich dort unten abspielte, kann nur vermutet werden. Zwischen 70 und 90 m Tiefe suchten die hilfsbereiten Taucher nach dem verendeten Tier. Eiseskälte, rabenschwarze Nacht und aufkommender Tiefenrausch versetzten die beiden Männer in Panik. Während der Ältere den psychischen Belastungen in der Tiefe nicht gewachsen war, konnte sich der Jüngere dank seiner enormen Kondition (er war ein bekannter Wettkampf-Schwimmer) an die Oberfläche retten, wo er völlig erschöpft zusammenbrach und mit Dekompressionsschäden in das Landeskrankenhaus eingeliefert wurde. Hirsch und Geweih aber liegen noch heute unangetastet in der Tiefe.

Malerische Szene im Flachwasser.

Der Längsee, ein Anglerparadies

Ein unscheinbares Badegewässer bei St. Veit an der Glan beherbergt geheimnisvolle Uferhöhlen mit einem riesigen Fischreichtum.

Bekannt geworden ist der Längsee in Taucherkreisen vordergründig wegen seiner großen Waffenmengen, die von den Alliierten nach Kriegsende hier versenkt wurden.

Weniger bekannt ist die Unterwasserwelt der Uferregion. Dort befinden sich weitreichende Seerosenwälder mit leuchtenden Blüten, feuerroten und giftgrünen Blättern, zwischen denen Hechte auf Beute lauern und Schulen von gewaltigen Karpfen auf Nahrungssuche gehen.

Taucht man ein in das grüne Naß, umhüllt einen dämmriges Licht. Schwarz und bedrohlich öffnet sich unter dem Ufer ein Schlund aus überhängenden Wasserpflanzen und Graswurzeln. Hier in der Verlandungszone hat sich ein Schwingrasen gebildet, der viele Meter in den See hineinragt und unter sich eine eigene mysteriöse und fast unheimliche Welt geschaffen hat.

Weit verzweigt, eng und beklemmend öffnen sich Gänge, kleine Hallen und schmale Höhlen, in denen Tausende von Fischen stehen. Pulsierende Lauben- und Rotfedernschwärme bilden lebende Vorhänge, Hechte stoßen aus dem Dunkel heraus nach Beute, Karpfen von 1 m Länge pflügen durch den Mulm, und in den hintersten Winkeln liegen 2-m-Waller wie leibhaftige Seeungeheuer.

Das Betauchen der Uferhöhlen erfordert gute Nerven, denn schon nach wenigen Augenblicken wird man von undurchsichtigen Schlammwolken umhüllt. Die ausperlende Luft stößt gegen die Decke, von dort lösen sich Erdpartikel, die zum Grund schweben und als brauner Schleier jegliches Tageslicht abhalten. Urplötzlich ist man mit sich, dem Wasser und einer rabenschwarzen Finsternis allein. Armdicke Aale stoßen von unten gegen den Neugierigen, gewaltige Waller rauschen wie Torpedos am Eindringling vorbei, der Mühe hat, sich zu orientieren. Erleichtert tastet man sich, einen hellen Schatten wahrnehmend, zum Ausgang zurück. In der Nacht kann das Höhlenabenteuer unter dem Schwingrasen zur tödlichen Falle werden, wenn man die Orientierung verliert. Viele Fische, die im Längsee leben, erreichen eine kapitale Größe, was ihn zum Paradies für Sportangler macht. Der längste Hecht maß 1,47 m, ein Gigant,

Karpfen sind wilde Kämpfer an der Angel. Ihr Fang erfordert Geduld, Ausdauer und viel Erfahrung.

Stille Welt in einsamen Buchten.

Schilfbestände in der Uferregion dienen als Schutzgürtel und biologische Kläranlagen.

Auch kleine Waller leben gefährlich, wenn große Hechte auf Beute lauern.

nicht nur in Kärnten, sondern weltweit. Karpfen werden so groß und schwer, daß man sie kaum noch angeln kann, die Waller erreichen Maße, daß einem angst und bange wird, selbst Rotfedern und Barsche wachsen, als ob es kein Halten gäbe.

Explosiv hat sich im Längsee der Bestand an Muscheln entwickelt. Neben Tausenden von kleinen Dreikantmuscheln, die an den Pfeilern der Boots- und Badestege riesige Kolonien bilden, sich auf jeden versunkenen Ast legen und selbst an Wasserpflanzen festhaften, gibt es einen sehr guten Bestand an Teichmuscheln, was wiederum die Population der Bitterlinge begünstigt. Diese durchstreifen in dichten Schwärmen das Uferkraut, wo die Männchen im Frühjahr (Mai–Juni) mit roten Bäuchen ihre Paarungsbereitschaft anzeigen. Wer den Längsee Ende Mai–Juni besucht, sieht sogar vom Ufer aus den Hochzeitstanz der Schleien. Keine Hochzeit können die Aale feiern, die in den 60er Jahren eingesetzt wurden. Mittlerweile haben sich die schlangenähnlichen Räuber zu einer echten Plage entwickelt, weil sie nicht abwandern können. Meterlang, armdick und gefräßig wie Wölfe lauern sie im Schlamm auf Beute.

In Bezug auf Flora und Fauna zählt der Längsee zu den schönsten und interessantesten Gewässern Kärntens.

Der Pressegger See: im Schilfkranz blühen Wasserrosen

Der bei Hermagor im Gailtal gelegene Bade- und Angelsee gehört zu den letzten großen Refugien einer im Schilf lebenden Tierwelt. Seine Unterwasserlandschaft gleicht einem tropischen Regenwald, einzigartig in Österreich.

Mächtige Bestände an Uferpflanzen und der größte zusammenhängende Schilfgürtel aller Seen in Kärnten prägen das Gesicht des Pressegger Sees. Die Schilfzone ist als Landschaftsschutzgebiet ausgewiesen, das Begehen ist nur auf zwei markierten Fußwegen möglich. Schmetterlinge, Vögel, Wasserschlangen, Amphibien – sie alle haben hier ein ideales Habitat gefunden.

Zu bestimmten Jahreszeiten hat der Pressegger See eine ausgezeichnete Sichttiefe. Das Wasser schimmert dunkelgrün bis schwarz, eine dicke Schlammschicht bedeckt den Boden. Weite Rasen von Armleuchteralgen überziehen den Grund. Taucht man in Richtung Seemitte, kommt man plötzlich an eine fast undurchdringliche Pflanzenwand. Der Pressegger-See-Dschungel ist erreicht. Meterhohe Tannenwedel, anderswo nur kümmerliche 50 cm groß, wachsen hier zu wahren Riesen heran und reichen stellenweise bis an die Oberfläche. Mittendrin wuchern Hornkraut, Pfeilkraut und Laichkraut.

In den Pflanzenschluchten begegnet man Hechten, Wallern, Karpfen und Schleien. Hier im Gesträuch sahen wir auch den Todeskampf eines kleinen Wallers, der am Tage unvorsichtigerweise sein Versteck verlassen hatte und bei diesem Ausflug von einem Hecht überrascht wurde. Minutenlang hielt der gierige Torpedo den Wels quer im Maul, bis er sich entschloß, die Beute zu drehen und mit dem Kopf zuerst zu verschlingen. Ein Ereignis, das unseres Wissens noch nie vorher beobachtet und schon gar nicht gefilmt wurde.

Ausgedehnte Teichrosenfelder geben dem Pressegger See in den Sommermonaten das Aussehen eines über-

Die Seerosenwälder im Pressegger See sind eine Augenweide.

dimensionalen Gartenteichs. Unter dem Blätterdach der faszinierend schönen Wasserpflanzen gedeiht üppiges Leben. Rotaugenschwärme und Barsche wetteifern um die schönsten Plätze, Räuber decken sich hier mit Nahrung ein, Verfolgte suchen Schutz. Die üppige Über- und Unterwasservegetation bringt auch gewisse Nachteile. Die Verschlammung vor allem im Ostuferbereich hat solche Ausmaße angenommen, daß man gezwungen war, den Grund großflächig abzubaggern, um den Bade- und Freizeitbetrieb aufrecht erhalten zu können. Der See ist mit einer Durchschnittstiefe von 4–6 m ohnedies sehr seicht.

Unter Tauchern ist der Pressegger See wegen seines Krebsbestandes beliebt. Nicht nur, daß es unglaublich viele sind, so groß wie hier werden sie vermutlich nirgendwo. In den Astlöchern versunkener Bäume, zwischen den Hohlräumen von Ziegeln und verfallenem Mauerwerk, in unzähligen Blechdosen und Joghurtbechern hocken die gepanzerten Gesellen. Manche von ihnen sind mit solchen Scheren ausgestattet, daß einem das Herz pocht, wenn man sie nur von weitem sieht. Tote Fische liegen bei dieser Population nicht lange am Seegrund. Die Armada der wehrhaften Ritter räumt in Windeseile auf.

Obwohl als Badesee ausgewiesen und auch geeignet, wird der Pressegger See nie so warm wie beispielsweise der Wörther, Klopeiner oder Faaker See. Der Grund liegt im Zufluß unterirdischer Quellen, deren Trichter stellenweise 13 m tief liegen. Aus ihnen strömt eiskaltes Wasser in den See. Infolgedessen erneuert sich das Flüssigvolumen des 560 m hoch gelegenen Gewässers etwa alle 3 Wochen. Zusätzlich ergibt sich durch den Oberflächenzufluß des Vella-Bachs eine weitere starke Durchflutung.

In der reichhaltigen Flora und Fauna des Pressegger Sees findet man unter anderem auch Aalrutten, Aitel und Zander. In den Zu- und Abflüssen gedeihen Regenbogen- und Bachforellen, sogar Edelkrebse wurden dort gefunden. Als biologische Sensation muß eine heimische Wildkarpfenpopulation angesehen werden, die seit Urzeiten im See vorkommt und alle limnologischen Entwicklungen überstanden hat. Gesichtet haben wir auch einige Amurkarpfen, eingesetzte, pflanzenfressende Fische aus China, die sich aber infolge der geringeren Wassertemperatur vermutlich nicht fortpflanzen können. Die diesen Fischen nachgesagte zerstörerische Freßeinwirkung beim Abweiden von Seepflanzen und Schilfzonen konnten wir nicht feststellen.

Sagenumwobenes Meerauge

Um diesen kleinen See, aus dem der Bodenbach entspringt, ranken sich beklemmende Legenden.

Schon aus der Ferne fällt die fast unnatürliche intensive Färbung seines Wassers ins Auge, das aus unzähligen Rinnsalen aus dem Grund einer benachbarten sauren Wiese zusammenströmt. Der Überlauf des Meerauges wird zur Mutter des Bodenbaches.

Spricht man mit den Bewohnern des Bodentals, so verweisen sie auf alte Überlieferungen und Sagen, nach denen das Meerauge unendlich tief ist und vermutlich durch unterirdische Wasseradern und verzweigte Höhlensysteme mit weit entfernten Seen in Verbindung steht.

Einst soll der Bodenbauer mit seinem Ochsengespann bei der Heuernte gewesen sein, als sich der Himmel verdunkelte und ein Gewitter nahte. Flugs wollte er noch den letzten Ballen auf den Wagen werfen, da wurden die Ochsen von einem riesigen Schwarm Stechmücken überfallen. Sie plagten die Tiere so sehr, daß diese in Panik mit dem Gespann davonrasten, schnurstracks auf das Meerauge zu. In diesem versanken die fliehenden Ochsen mitsamt dem Karren. Der Bauer war dem wilden Gespann freilich gefolgt. Am Ufer angelangt, konnte er aber keine Spur mehr von seinen Tieren und dem Wagen erkennen. Still lag das Meerauge vor ihm. Im klaren Wasser war kein Schatten, keine geringste Welle zu erkennen. Viele Jahre später wurde das Joch des verschwundenen Ochsengespanns an den Ufern des Slowenischen Veldeser Sees hinter den Karawanken gefunden. Besteht also zwischen dem Balkangewässer und dem Meerauge tatsächlich eine unterirdische Verbindung, wie es die Legende will?

Auch ein tragischer Selbstmord umrankt das unheimliche Gewässer. Eine junge Frau hat sich aus Liebeskummer im Meerauge ertränkt. Schon am folgenden Tag fand man ihre Leiche im Wasser treibend. Heute erinnert noch ein Bildstock am Rande des Gewässers an das traurige Geschehen. Läßt man sich als Taucher in das Meerauge gleiten, schlägt eiskaltes Wasser über dem Kopf zusammen.

Ungeheuere Transparenz umfängt die Besucher. Ohne Probleme kann man von einem Ende zum anderen schauen. Versunkene Bäume erwecken den Eindruck einer Märchenlandschaft. Schraubenalgen hängen wie Girlanden von den kahlen Zweigen, geben dem Ganzen eine feierlich frostige Stimmung, Sonnenstrahlen dringen wie Dolche in das Blau des Wassers, zeichnen tänzelnde Muster auf den Grund. Der sandige Boden brodelt wie kochende Lava. Ein Stein, den wir probeweise fallen lassen, versinkt, ohne Spuren zu hinterlassen.

Einige Meter unter der Oberfläche beginnt der Meeraugenkessel. Trotz des dicken Schutzanzuges hat man das Gefühl würgender Kälte. Wer hier unvorbereitet hineingestoßen wird, dessen Kräfte erlahmen in kurzer Zeit, wenn er nicht gleich von einem Herzschlag erlöst wird. Ohne daß wir es wollen, geht uns die ertrunkene Frau durch den Kopf. Ein probeweise in den Bodenschlamm gestoßener Arm versinkt bis zur Schulter. Ein Mensch kann hier verschwinden, aber ein ganzes Ochsengespann?

Das ganze Bodental, das sich um das Meerauge erstreckt, ist reich an Sagen und Geschichten. Sein Name kommt vermutlich von der flachen Talsohle. Auf der Wiese des Quistinzbauern stand früher die ärmliche Hütte der Zauberin „Barbca", die angeblich mit dem Teufel im Bunde war. Der Leibhaftige soll ihr wiederholt mit Ratschlägen zu ihrem zweifelhaften Ruf verholfen haben, insbesondere dann, wenn verlorengegangene Gegenstände gefunden werden sollten. So offenbarte die Barbca einem Mann aus Krain, daß sein wertvoller Ring vom Hausschwein geschluckt worden war. Und tatsächlich, als der Geschädigte die Sau schlachtete, kam der Ring zum Vorschein.

Das Ende der Barbca war grausam. Sie wurde auf der Hollenburg in den Kerker geworfen und in einem Inquisitionsprozeß als Hexe verurteilt. In Maria Rain zerrissen vier Pferde ihren Körper in alle Himmelsrichtungen, die Überreste verscharrte man anschließend im Wald bei Köttmannsdorf.

Das Meerauge im Bodental, ein sagenumwobener Quelltopf.

Die Basaltmine, trautes Heim der Tümpeltiere

Eines der geheimnisvollsten, unbekanntesten und gleichzeitig biologisch interessanten Gewässer liegt im Lavanttal: ein schwarzes Loch in dem es von Kleinlebewesen nur so wimmelt, ein See, wie es ihn in Österreich kein zweites Mal gibt.

Hier im Lavanttal fand der letzte Vulkanausbruch Kärntens statt. Der Krater ist seit Urzeiten erloschen. Aus dem Eruptivgestein (Basalt) wurde Steinwolle für Isolierzwecke gewonnen. Immer tiefer wurde die Mine vorangetrieben, bis zu 80 m. Mit dem Aufkommen der Kunststoffe wurde das Geschäft schwieriger, unwirtschaftlicher, bis der Bergbau schließlich aufgegeben wurde. Zurück blieb ein kreisrundes, schlotähnliches Loch von etwa 100 m Durchmesser. Die Wunde von Menschenhand wurde den Naturelementen überlassen, eine biologische Aufholjagd ohnegleichen begann.

Nach dem Abstellen der Pumpen füllte sich der Kessel alsbald meterhoch mit Grund- und Regenwasser. Nach starken Gewittern stürzten Bäche und kleine Wasserfälle den Kesselrand hinunter und schufen die Voraussetzungen für die Ansiedlung erster Pflanzen. Diese hefteten sich an die kahlen Wände, suchten Halt in Ritzen, Spalten und Mulden sowohl über, als auch unter Wasser. Ungestört entwickelten sich Laichkräuter, Teichblattpflanzen, Wasserpest und Tausendblatt, an sonnigen Stellen gedieh sogar Schilf. Stieg das Wasser an, wurden auch die Landpflanzen überflutet und von Schraubenalgen überzogen. Eine bizarre Unterwasserwelt ohnegleichen entstand. Kein Schwimmer, kein Taucher, kein Angler störte dieses Paradies.

Dann kamen die Tümpelbewohner. Niemand weiß woher, denn weit und breit gibt es keinen See, keinen Bach, keinen Tümpel. Alles stellte sich ein, nur keine Fische. So entstand ein gigantisches, wassergefülltes Universum. Bedingt durch das Fehlen von Fischen konnten sich Wasserkäfer, Libellenlarven, Gelbrandkäfer, Rückenschwimmer und Wasserwanzen zusammen mit unzähligen Mückenlarven ungestört entwickeln. Die Fülle der Wasserinsekten in der Basaltmine übertrifft alles, was wir je in einem Gewässer gesehen haben.

Das schwarze Loch zog aber noch andere Lebewesen an. Wie aus dem Nichts tauchten sie auf und eroberten die vergessene Welt im Lavanttal. Kröten, Molche, Frösche, Unken fanden hier ein Habitat, ein letztes Refugium in einer industrialisierten Welt, die wenig Mitleid mit den kalten, schlüpfrigen Erdenbewohnern zeigt. Fernab dem hektischen Treiben wuchsen die Amphibien zu außergewöhnlicher Größe heran. War es das mineralhaltige Wasser, die vielen Spurenelemente, das reichhaltige Nahrungsangebot? Es bleibt ein Geheimnis der Natur. Unken, sonst mit maximal 4,5 cm Länge ausgewachsen, werden in der Basaltmine 6–8 cm groß. Normalerweise leben sie in Tümpeln, Wassergräben und Rinnsalen, tauchen höchstens 1–2 m tief. Im Lavanttaler Tümpelparadies sahen wir sie in 8 m Tiefe auf dem Grund liegen.

Rätselhaft ist auch die Veränderung bei den Molchen. 15 cm lange Tiere sind normalerweise bereits sehr groß, in der Basaltmine waren das die kleinsten. Ähnliches konnten wir bei Fröschen und Kröten beobachten. Auch waren die Molche hier aggressiv und tauchten für ihre Verhältnisse extrem tief. Kaulquappen erreichten im Wasser der Basaltmine ungeheure Maße, einige glichen mutierten Fröschen. Molchlarven schwammen mit ihren Büschelkiemen metertief durch das dunkle Grün, Libellen legten ihre Eier in sage und schreibe 1 m Tiefe an Wasserpflanzen ab. Weshalb, so fragt man sich, streben die Tiere in der Basaltmine so weit hinunter?

Ob man dieses Geheimnis und das des Riesenwachstums noch wird lösen können, bleibt fraglich. Denn nach den Tieren kam der Mensch, und der brachte wie üblich nichts Gutes mit sich. Als ob es in Kärnten noch nicht genügend Seen mit Fischen gibt, wurden in die

Kaulquappe im Kraut. Ob sie die gefahrvolle Zeit bis zum erwachsenen Frosch gut übersteht?

Wie ein Wesen aus einem Science-fiction-Roman. Der Kopf einer Libellenlarve.

Minisaurier von 25 cm Länge. Zu dieser Größe wachsen in der Basaltmine Kammolche heran.

Basaltmine aus Unverstand Arten eingesetzt, die sich sogleich über die Kleintierwelt hermachten. Kaulquappen, Molchlarven, Wasserkäfer und kleine Amphibien sind seitdem permanent auf der Flucht. Um die Einzigartigkeit der Basaltmine zu retten, muß sie unter Schutz gestellt, das bewußte Verändern der Flora und Fauna bestraft werden. Hier sind Politiker und Naturschützer gefragt, denn es gilt, etwas zu bewahren, was in unserer Zeit zu den Kostbarkeiten der Natur gehört, ein einzigartiger Lebensraum für Kleintiere.

Die Tscheppaschlucht, packende Naturgewalt

Prasselnd fällt das Wasser ins Tal. Stromschnellen, Vertiefungen und schwarze Steilwände verhindern das bequeme Eindringen in die entlegenen Winkel dieser grandiosen Urweltlandschaft.

Die Tscheppaschlucht hat ihren Namen aus dem Slowenischen. Das Wort „Čepa" bedeutet etwa soviel wie Knollen oder Ballen. Tatsächlich finden wir in der Schlucht eine „Čepa", die eingeklemmt zwischen den Felswänden drohend ins Tal hinabschaut. Der haushohe Steinblock scheint die nahen Felsen zu stützen. Wehe, er würde ins Rollen geraten.

Als wir mit Tauchflaschen, Schutzanzug und wasserdichten Kameras in die Schlucht eindringen, haben wir bereits einen beschwerlichen Fußmarsch von 45 Minuten hinter uns. In reißenden Strudeln verlieren wir anfangs oft den Halt, werden gegen die überhängenden Felswände gedrückt, die uns unter der Wasseroberfläche mit ausgespülten Vertiefungen überraschen. Die großen Steine sind im Laufe der Jahrtausende vom strömenden Wasser glatt wie Diamanten geschliffen. In der Strömung stehen Forellen, lässig und doch elegant und voller Energie. Wovon leben diese Hungerkünstler? Anflugnahrung kann es hier nicht viel geben. Welche Fliege verirrt sich in einen Schlund aus Stein, Gischt und Wassernebel?

Feinster Kies bedeckt den Grund, man könnte sich wie in einem Aquarium fühlen, wenn der permanente Sog nicht wäre. Blätter, Äste, Wurzelwerk jagen in höllischem Tempo vorbei, das Donnern wird lauter. Vor uns sprudelt das Wasser, Millionen Luftbläschen tanzen wie Perlen an einer Schnur. Eiskalt und ungebremst stürzt es aus den Wolken zu uns herab. Hier soll der Teufel seine schreiende Großmutter gebadet haben, wie die Legende erzählt.

Trotz des geringen Nahrungsangebotes hat es diese Forelle zu einer erstaunlichen Größe gebracht.

Wir stehen vor der elementaren Gewalt eines Wasserfalls und überlegen, ob wir ihn durchtauchen sollen. Keiner weiß, was dahinter ist. Zieht es uns in den Berg? Werden wir vom Wasser in die Tiefe gedrückt? Erfaßt uns ein Sog?

Hier soll laut Sage der Teufel seine Großmutter gewaschen haben.

Fließendes Aquarell im Wirbel der Tscheppa.

Vorsichtig tauchen wir ab, halten uns dicht an der Felswand, denn hier stehen auch die Forellen im Strömungsschatten. Dann erfaßt uns die Urgewalt der donnernden Wasser, wirbelt uns herum und speit uns wagemutige Eindringlinge hinter dem Wasserfall wieder aus. Tief ausgewaschen zeigt sich hier der blanke Fels in glänzendem Schwarz. Es ist düster in der Höhle. Ein riesiger LKW-Reifen tanzt wie in einem Whirl-Pool um seine eigene Achse. Wie kommt dieses Stück Zivilisation an solch entlegene Stelle? Nirgendwo ist die Natur mehr vor der Menschheit sicher.

Klein, unbedeutend und hilflos fühlt man sich hinter den fallenden Wassern des Loiblbaches. Wie ein lebender Vorhang, der sich ständig erneuert, verhüllt er den Blick in die Klamm. Im gischtenden Brodeln werden die spärlichen Sonnenstrahlen in ihr Spektrum aufge-

löst, Regenbogenfarben schillern im Höhlendunkel – ein schönes Stück Erde, nur etwas mühevoll zu erreichen.

Um die Schönheiten der „Tscheppa" als Fußgänger zu erkunden, genügt kräftiges Schuhwerk, schwindelfreier Blick und Freude am Bergwandern. Gut ausgebaute Stegleitern, Pfade und Hinweisschilder erlauben auch älteren Naturfreunden, den urwüchsigen Teil dieses Kärntner Naturwunders zu begehen. Das Tauchen in der Tscheppaschlucht sollte allerdings nur erfahrenen und gut trainierten Sportlern vorbehalten sein.

Seit 1949 obliegt die Erhaltung des Tscheppasteiges der Stadtgemeinde Ferlach. Ein kleiner Obolus für das Herrichten der Wege und Leitern muß beim Betreten der Schlucht beim Kiosk am „Goldenen Brünnl" entrichtet werden.

Der Wolayersee, Eremit der Karnischen Alpen

Durch seine Mitte verläuft die Grenze zu Italien. Hoch in den Karnischen Alpen gelegen, ist er wenig bekannt. Der Weg zum Wolayersee ist beschwerlich, zumindest dann, wenn man wie wir, eine Tauchausrüstung und Unterwasserkameras mit sich führt. Auch ist die Jahreszeit zu beachten, denn das entlegene Gewässer ist sieben Monate lang mit Eis bedeckt, das eine Stärke von 2 m und mehr erreichen kann. Noch im Juni muß man mit abgehenden Lawinen rechnen, die einem den Weg versperren und das Tragen der Geräte zur Tortur werden lassen.

1951 m hoch liegt dieser geologisch interessante See Österreichs. Knapp 4 Hektar mißt seine Oberflächenausdehnung, bei etwa 14 m Tiefe. Bis 1975 war der Gebirgssee fischlos, bis man auf die wenig segensreiche Idee kam, hier Bachforellen anzusiedeln. Damit

begann sein Drama. Unbemerkt von der Öffentlichkeit dezimierten die ewig hungrigen Salmoniden den bis dato einmaligen Bestand an seltenen Seeflohkrebsen bis auf einen kümmerlichen Rest. Diese Spezies kommt nirgendwo sonst in Kärnten vor, und auch im Wolayersee scheinen ihre Tage gezählt, denn neuerdings werden dort auch Saiblinge eingesetzt. Welchen Sinn diese Maßnahme haben soll, bleibt uns ein Rätsel. Da im Wolayersee niemand jemals angelt, wird eine biologische Rarität durch reine Unvernunft ausgelöscht.

Tauchen im Wolayersee bedeutet schweben in einem fremden Universum. Mächtige Kalkblöcke zieren den Seegrund, von seltsamen Rillen und Furchen durchzogen. Manche der Steine erinnern an Schießscheiben, von Hunderten von Löchern durchbohrt. Im Sommer, nach der Schneeschmelze, wirkt das Wasser etwas mil-

Schroffe Steilwand im Wolayersee.

chig, um aber nach längeren Trockenperioden stark aufzuklaren. Zum Baden ist der eiskalte Wolayersee kaum geeignet, nicht einmal im heißesten Sommer. Oberhalb des Sees liegt die Eduard-Pichl-Hütte (1967 m), deren deftige Mahlzeiten den beschwerlichen Aufstieg lohnend machen. Großes Aufsehen gab es, als wir im Gästeraum unsere Tauchausrüstung anlegten. Da fiel so manchem gestandenen Bergfex die Pfeife aus dem Mund. Rings um den Wolayersee erstreckt sich eine der geologisch abwechslungsreichsten Gebirgslandschaften Europas. Ein Lehrpfad, der sogenannte Geo-Trail, wurde für interessierte Urlauber angelegt. Im Naturschutzgebiet Wolayersee sind mehr als 600 Blütenpflanzen nachgewiesen, darunter auch südliche Arten, die vermutlich durch Samenflug und Vögel eingeschleppt wurden. Der von der unteren Valentinalm (1205 m) bis zum Lamprechtkogel (1861 m) reichende Blumen-Lehrpfad dürfte an Einmaligkeit kaum zu übertreffen sein. Und doch kann auch er nur einen kleinen Teil des Pflanzenreichtums zeigen.

Bizarre Kalkformationen kennzeichnen das Bild der Unterwasser-Landschaft.

Der letzte Weltkrieg ließ auch diese herrliche Gegend nicht verschont, wovon Stiel-Handgranaten und Waffen zeugen, die wir inmitten des Sees fanden. Die nächsten Taucher seien gewarnt!

Warmbach und Maibachl, die Warmbader Tropenoasen

Sie stammen aus Asien und Afrika, und doch leben sie in Kärnten. Im warmen Wasser der Villacher Thermen gedeiht eine in Österreich einzigartige exotische Flora und Fauna.

Was Kurgästen des Villacher Warmbades zur Erholung und Genesung dient, erlaubt fremdartigen Fischen, Mollusken und Pflanzen das Überleben. Etwa alle ein bis zwei Stunden wird der Inhalt des Thermalbades durch den Zustrom von 120 Liter pro Sekunde kristallklaren Wassers mit einer Temperatur von rund 28°C erneuert. Es ist sauerstoffarm, dafür aber hundertfach

kohlensäurereicher als die Luft und enthält das radioaktive Gas Radon, ist also besonders geeignet zur additiven Behandlung von Rheuma, Nerven, Herz und Gefäßkrankheiten. Das überschüssige Wasser rinnt in die Abläufe „Maibachl" und „Warmbach", in denen seit langem tropische Tiere und Pflanzen heimisch geworden sind.

Die Thermen von Villach sind nachweislich schon von den Römern genutzt worden. Vermutlich, so glauben Wissenschaftler, haben die „Legionen des Cäsar" damals schon die Tiberbarbe aus Italien und Dalmatien mitgebracht und hier eingesetzt. Sie ist allerdings durch die starke Verchlorung des Thermalwassers und verschiedene Baumaßnahmen seit geraumer Zeit wieder ausgestorben. In den Abflüssen der Thermen lebt, unbemerkt von der Öffentlichkeit, eine Reihe wärmeliebender Tier- und Pflanzenarten aus tropischen und subtropischen Gefilden, eingeschleppt oder bewußt eingesetzt. Echte Thermaltiere, sogenannte Thermobionten, fehlen allerdings. Dafür gibt es bereits seit dem letzten Jahrhundert Aquarienfische, Schnecken, Pflanzen und Strudelwürmer aus den Tropen. Nicht immer läßt sich die unmittelbare Herkunft der eingeschleppten Flora und Fauna feststellen. Seit im Umfeld der Quellaustritte eine Zuchtanstalt für Aquarientiere und tropische Wasserpflanzen errichtet wurde, können „Flüchtlinge" in den Warmbächen Unterschlupf finden.

barsche, die sogenannten Cichliden. Die einzelnen Populationen wechseln sich ab, je nachdem, welche Art sich gerade durchsetzen kann. In unmittelbarer Nähe der Quellaustritte sind die Fische jedoch nicht lebensfähig. Ursache ist der extrem hohe Stickstoffgehalt des Wassers, der bei den Tieren zu einem Hervortreten der Augäpfel und Auftreiben der Leibeshöhle führen würde.

Mindestens zwölf verschiedene Wasserschneckenarten leben hier, wobei die meisten vermutlich durch Wasserpflanzen eingeschleppt wurden. Am häufigsten vertreten ist die Turmdeckelschnecke, die ursprünglich in Südwestasien beheimatet ist.

Doch nicht nur im Wasser geht es fremdländisch zu. An den Ufern der Quellbäche lebt der sogenannte Landstrudelwurm, der in den Tropen beheimatet ist,

Durch Aquarianer wurde diese Zierfischart verbreitet.

Auch wurden nachweislich viele Fischarten durch Zierfischliebhaber ausgesetzt. So war und ist das Leben in den Thermal- Abflüssen einem stetigen Wechsel unterworfen.

Mal ziehen Schwärme von lebendgebärenden Zahnkarpfen wie Guppy, Platy und Schwertträger durch die Unterwasserwelt, mal überwiegen afrikanische Bunt-

aber auch in Treibhäusern vorkommt. Durch die Thermen entsteht das feuchtwarme Biotop, das er so liebt. So sind das „Maibachl", ein periodisch fließender Überlauf, dessen Name aus dem slowenischen „majav" (launisch) zu stammen scheint, und der eigentliche „Warmbach" zu Refugien fremdartiger und exotischer Lebewesen geworden – einzigartig in Europa!

Der zur Familie der Buntbarsche gehörende Rote Chichlide fühlt sich in den Abflüssen der Thermen bei Villach besonders wohl.

Jäger in der Nacht – die Aalrutte.

Von
Süßwasser-
fischen

Der Karpfen, das friedliche Haustier

Seit Jahrhunderten ist der Karpfen der bekannteste Süßwasserhausfisch Europas. Über seine genaue Herkunft streiten sich noch die Gelehrten. Vermutlich stammen seine Vorfahren aus Zentralasien, insbesondere aus China und Japan, wo man ihn schon 1000 v. Chr. als Teich- und Zuchtfisch domestiziert hat. Mit asiatischer Geduld und Gründlichkeit stilisierte man den wohlschmeckenden Fisch zum Haustier hoch.

Wann er nach Europa kam, läßt sich nicht exakt belegen. Es gibt Wissenschaftler, die glauben, daß schon die Römer bei uns Karpfen fingen. Wie auch immer, die warmen Seen in den Niederungen Kärntens sind wie geschaffen für die Aufzucht wahrer Giganten der

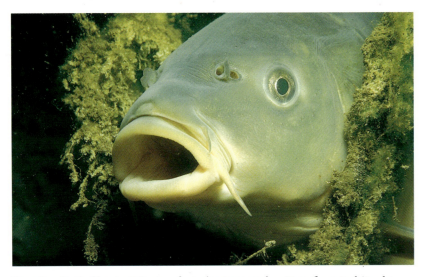

Der Großteil aller in Kärnten freischwimmenden Karpfen sind Zuchtformen, wie dieser Spiegelkarpfen.

Gattung Cyprinus carpio.
Stammesgeschichtlich läßt sich seine Existenz bis in die Tertiärzeit (4–5 Mill. Jahre) zurückverfolgen. Karpfen gehören somit zu den ältesten noch lebenden Süßwasserfischen, die wir kennen. Allerdings gibt es die reinrassige Uraltform des Wildkarpfens heute nicht mehr.

Über Alter und Größe des Karpfens finden wir in Sagen und Anglergeschichten unendliche Varianten.

Da erzählt man sich die Geschichte eines Jahrhundertkarpfens, der bei der Nahrungssuche zwischen zwei engen Wasserbohlen hängenblieb und in dieser Lage Jahrzehnte verbracht haben muß. Der mit Algen, Muscheln und Schlamm bedeckte Körper wurde erst gefunden, als der Teich infolge einer wochenlangen Trockenperiode seinen Normalpegel deutlich unterschritten hatte.

Nicht weniger unglaublich erscheint der Bericht eines Mannes, der felsenfest versicherte, daß ein riesiger Karpfen den ihn ködernden Angler mit solcher Dynamik von seinem Fischersteg ins Wasser zog, daß der überraschte Nichtschwimmer gerade noch von einem herbeieilenden Helfer vor dem Ertrinken gerettet werden konnte.

Immer wieder wird behauptet, daß Karpfen über hundert Jahre alt werden können, bewiesen ist es aber nicht. Die Untersuchung der Jahresringe an den Schuppen läßt eher den Schluß zu, daß 50jährige Karpfen zu den Ausnahmen gehören. Verbürgt sind 48 Jahre im Aquarium eines Zoos. Wild lebende Karpfen führen ein gefährliches Dasein. Durch Wasserverschmutzung, Parasiten und den Angelsport erreicht selten ein Tier das 30ste Lebensjahr. Jenseits dieser Altersgrenze kommt es oft zu Mißbildung, Blindheit und Gewichtsschwund. Als Taucher findet man diese vergreisten Altkarpfen mitunter auf Schlammflächen, wo sie selbst am Tage dem Gründeln und Wühlen nachgehen, obwohl über ihnen Badegäste und Paddelboote das Wasser unsicher machen.

Karpfen können, wenn das Umfeld günstig ist, ein enormes Gewicht erreichen – so über 40 kg bei 1,3 m Körperlänge.

Lebensweise:
Sein bevorzugtes Metier ist der natürlich gewachsene See mit Schlammgrund und verkrauteten Uferzonen. Günstig sind Flachstellen und Buchten für den Laich-

vorgang, doch der Karpfen überlebt auch in unwirtlicheren Gewässern.

Sprichwörtlich ist seine Zähigkeit. Er verträgt sogar Brackwasser mit einem Salzgehalt von 1,9 ‰. Überhaupt können Karpfen eine bemerkenswerte Ausnutzung des Sauerstoffs für sich in Anspruch nehmen. Durch die extrem langsame Zirkulation des Blutes von unter 2 Minuten, ist er in sauerstoffarmem Wasser in der Lage, durch Luftschnappen an der Oberfläche, für geraume Zeit in dieser Notatmungsphase zu überleben. In den Wintermonaten ruhen die Karpfen, oft dichtgedrängt und im Schlamm vergraben. Nur die Atemöffnungen schauen dann noch aus dem Seeboden. Diese Art Winterschlaf kann in kalten Landstrichen mehrere Monate andauern. Ein wohlgenährter Karpfen kommt für die gesamte Zeit ohne Fressen aus.

Für den Laichvorgang (Mai–Juli) sind Wassertemperaturen von 18°–20°C erforderlich. Beträgt die Umgebungstemperatur auf Dauer unter 15°C, ist eine Fortpflanzung nicht möglich. Warmes Wasser hingegen macht dem Karpfen nichts aus, eher begünstigt es Wachstum und Nachkommenschaft, wie Untersuchungen bestätigen. Große Weibchen geben über eine Million Eier pro Laichvorgang ins Wasser ab.

Nahrung:

Karpfen sind Allesfresser, was sie zum idealen Haus- und Zuchttier macht. Gemüse, Kartoffeln, Fleischreste fressen sie mit Begeisterung. Frei lebende Karpfen ernähren sich von Kleintieren wie Asseln, Schnecken, Hüpferlingen, Mückenlarven, Wasserspinnen, Würmern und Ruderwanzen. Obwohl als Friedfische apostrophiert, jagen die größeren Exemplare auch kleine Fische, Molche, Frösche und in Hungerzeiten sogar die eigene Brut.

Sagenhaft ist, mit welchen Ködern Karpfen gefangen werden. Klumpen aus Kuchenteig, Hackfleischbällchen mit Zwiebeln, Petersilie und Thymian, Kartoffelknödel, mit Eigelb und Mehl vermengt – 10 Min. in Salzwasser gekocht – sollen besonders unwiderstehliche Leckerbissen sein. Das Köderlexikon der Petrijünger liest sich im weiteren wie ein Kochbuch der Haute Cuisine. An-

dere schwören auf Bodenständiges: Paniermehl, Weizenmehl, Kräuter und gekochte Kartoffeln, in Fett schwimmend gebacken, sollen ihm oder dem Angler besonders gut schmecken. Keinen anderen Fisch versucht man mit derartigen Leckereien zu überlisten.

Daß Karpfen nicht einfach zu fangen und noch weniger gut unter Wasser zu fotografieren sind, werden diejenigen bestätigen, die es versucht haben. Das Seitenlinienorgan ist derart sensibilisiert, daß der Karpfen damit sogar den Unterschied zwischen dem Schwanzschlag eines Friedfisches und dem eines Feindes unterscheiden kann. Karpfen registrieren darüber hinaus die Luftdruckschwankungen der Atmosphäre, weshalb sie

Die Schuppengemälde eines Karpfens.

an manchen Tagen selbst mit dem besten Köder nicht zu überlisten sind.

Unbestritten ist der Karpfen heute der wichtigste Süßwasserfisch der Erde. Die Ausbeute beträgt weltweit über 220.000 t pro Jahr. Die Karpfenzucht wird bereits seit dem Mittelalter wissenschaftlich betrieben. Mönchen gelang es, in den Klosterteichen Karpfenformen zu züchten, die wie für den Herd geschaffen waren. Ihr rundes Äußeres war so geformt, daß sie mit diesen Maßen genau in eine Pfanne paßten.

Als Fastenspeise wurde der hochwertige Fisch zum unverzichtbaren Kulturgut erhoben. Denken wir an Weih-

Karpfen können über einen Meter lang und mehr als 30 kg schwer werden.

Junge Hasel verstecken sich zwischen Pflanzen und Algen.

nachts- und Silvesterkarpfen: Der Fisch als „Karpfen blau" oder „gebacken" darf auf keiner Festtafel fehlen. Übrigens: Der Ausdruck „Hecht im Karpfenteich" erinnert daran, daß man Hechte in Karpfenteichen aussetzte, auf daß sie die minderwertigen Nahrungskonkurrenten der Karpfen „aussortierten". Daß auch hin und wieder ein Jungkarpfen dran glauben mußte, wurde billigend in Kauf genommen.

Der Hasel, Akrobat unter den Karpfenfischen

Er schlägt Räder, Saltos und Loopings und schießt pfeilschnell durch das Wasser. Wer ihn dennoch fängt, verwechselt ihn leicht mit dem Döbel oder dem Rotauge. Der Hasel ist ein Karpfenfisch, von dessen Lebensweise man so gut wie nichts weiß.

Die größten Exemplare werden etwa 30 cm groß und wiegen 300–500 g. Meist bleiben Hasel aber kleiner, um 20 cm. Ihr Körper ist spindelförmig, Brust und Bauchflossen können eine zartrote Färbung annehmen, die Schnauze ragt über die Unterlippe hinaus, die Schuppen schillern perlmuttartig.

Innerhalb der Familie der Karpfenfische erweist sich der Hasel eindeutig als der beste Schwimmer. Gegen den flinken Hasel müssen sich selbst die schnellen Forellen anstrengen. Und einem Hecht, der einen Hasel überwältigen will, gelingt das nur, wenn er ihn durch einen Überraschungsangriff packen kann. Verfehlt der Räuber sein Ziel, zeigt ihm der Hasel lässig die Schwanzflosse.

In Kärnten sind die Bestände des Hasels stark gefährdet, vermutlich, weil ihn kaum jemand kennt und er in Sportfischer-Kreisen nicht die Wertstellung anderer Speisefische genießt. Sein Fleisch ist nämlich so grätenhaltig, daß er selbst von erfahrenen Fischköchen kaum zubereitet wird. Besatzversuche mit Haseln sind deshalb selten.

Einzige Vorkommen in Kärnten finden wir in den Aufstauungen der Drau (Rosegger Schleife, Linsendorfer Schleife), im Stauraum Annabrücke, in der Gail und der Glan. Vereinzelte Exemplare wurden in den Zu- und Abflüssen der großen Seen (Wörther See, Millstätter See etc.) gesichtet. Als geselliger Oberflächenfisch

In Kärnten gehört der Hasel zu den gefährdeten Fischarten.

besteht seine Nahrung aus Fluginsekten, die er entweder von der Wasseroberfläche holt, oder durch Hinaufschnellen des ganzen Körpers in der Luft fängt. Hier zeigt sich eine Eigenart des Hasels, seine Neigung zu phänomenalen Luftsprüngen. Diese Gabe der Natur hat der Hasel zu einer circensischen Leistung ausgebaut. Er fängt damit zwar einerseits einen Teil seiner Nahrung, vollführt seine Kunststücke aber auch gänzlich grundlos und anscheinend zu seinem Vergnügen, wie Beobachtungen zeigen. Überschläge sind seine einfachste Akrobatik.

Regnet es, und die Anflugnahrung bleibt aus, zieht es den Hasel zum Gewässergrund, wo er Schnecken, Würmer, Wasserinsekten und, wenn gar nichts aufzutreiben ist, auch Pflanzennahrung zu sich nimmt. Laichzeit sind die Monate März, April und Mai. Die Eier benötigen pflanzlichen oder kiesigen Untergrund, da-mit sie anhaften können und nicht weggespült werden. In Europa sind sieben Unterarten des Hasel bekannt, so in Frankreich und auf dem Balkan. Weitere Haselarten werden in Dalmatien, Bosnien und Albanien angenommen, erforscht sind sie allerdings nicht. Selbst Wissenschaftler tun sich schwer bei ihrer Bestimmung, weil sie sich kaum voneinander unterscheiden. Bekannt ist nur, daß sie nicht so groß wie die Kärntner Hasel werden. Es bleibt zu hoffen, daß der heimische Hasel nicht ausstirbt, bevor man seine Eigenheiten und Geheimnisse erforscht hat.

Graskarpfen, Silberkarpfen, Wels und Gründling, die Seeriesen und Saubermänner

In den 70er Jahren wurden zwei Karpfenarten aus Asien in die Kärntner Gewässer eingesetzt. Ziel der Besatzmaßnahme war die Bekämpfung unerwünschter Wasserpflanzen und Algen. Was ist aus dem Experiment geworden?

Die Heimat des Graskarpfen ist das Stromgebiet des Amurflusses in Ostasien, weshalb er auch als „Amur" bekannt geworden ist. Der Silberkarpfen oder Tolstolob stammt aus den chinesischen Flüssen Hoangho und Jangtsekiang. Beide Karpfenarten gelten als Vegetarier.

Amure wurden eingesetzt, um die Verkrautung vieler Gewässer zu stoppen. Ein Projekt, das jedoch mißlang.

So frißt der Amur Wasserpflanzen und Fadenalgen, während der Tolstolob mit Hilfe seiner einzigartigen Kiemenreusen kleinstes Plankton und Schwebealgen aus dem Wasser filtern kann.

Auf dem Vormarsch:
Es war gut gemeint, den Amur zur Vertilgung von ausufernden Wasserpflanzen einzubürgern, doch, wie so oft bei solchen Maßnahmen, hat man die Folgen nicht bedacht. Graskarpfen werden riesengroß und entwickeln einen Appetit, daß man das Fürchten bekommt. In Australien, so wird berichtet, werden sie angeblich wegen ihrer Masse mit dem Gewehr gejagt.
Im Maltschachersee haben die Pflanzenfresser zuerst das Grünzeug am Seegrund verspeist, dann den Schilfgürtel. Unersättlich fressen sie sogar überhängendes Gras von den Uferböschungen. Damit wird der natürliche Schutz für die heimischen Fischarten zerstört. Ein 10-kg-Amur vertilgt in drei Wochen ca. 50 kg Wasserpflanzen. Ein Irrtum war auch die Annahme, daß sich Amure bei uns nicht vermehren können, weil sie eine Laichtemperatur von über 20°C benötigen und gleichzeitig eine Laichwanderung durchführen müssen. Vielleicht haben sich die Fische den heimischen Verhältnissen angepaßt, denn schon mehrfach wurden Jungamure gesichtet.

In seiner Heimat wird der Amur fast 1,5 m lang und über 50 kg schwer. Wie ein U-Boot schiebt er sich durch das Wasser. Im Weißensee wurden immerhin Graskarpfen von 1 m Länge und 15 kg gefangen. Noch größere Exemplare soll es im Klopeiner und Urbansee, im Wörther und Ossiacher See geben.

Natur im Widerspruch:
70 Kilogramm Grünmasse benötigt der Amur, um 1 Kilogramm Körpergewicht zuzunehmen. Die Problematik beim Amur-Besatz liegt aber darin, daß der Fisch nur maximal 30 % der Pflanzennahrung in körpereigene Substanzen umbauen kann. Der Rest, oft 80 %, wird wieder ausgeschieden. Durch diese Düngung nimmt der Algenbestand überproportional zu. Aus ehemals klaren Kleinoden und Naturdenkmälern können auf diese Weise trübe, unansehnliche und veralgte Gewässer werden. Weniger schädlich gebärden sich die Graskarpfen in der Drau. Durch die Größe des Fließgewässers und die vielen Schleifen können sie das dortige Biogleichgewicht kaum stören.
Ein Fabelwesen scheint die weiße Farbvarietät des Graskarpfens, der Albino-Amur. Wer ihm begegnet, glaubt zu träumen: schneeweißer Körper, rubinrote Augen, zartrosa Flossen. Im Gegensatz zu seinen stark beschuppten und gräulich-gelben Verwandten frißt der

Der Tolstolob stammt aus Asien und lebt von Schwebalgen.

Der berühmte Wels von Krumpendorf – Länge zwei Meter! Diese Fische können 100 Jahre alt und 300 kg schwer werden.

Albino-Amur keine Seerosen. Warum, ist nicht erforscht, ebensowenig wie die ausschließliche Vorkommnis dieser Albinos in ostasiatischen Gewässern. In Kärnten ist uns noch keiner begegnet, schade.

Das schwimmende Sieb:
Als Wasserreiniger in Verbindung mit dem Amur sollte der Silberkarpfen, der Tolstolob, für eine Verringerung der Schwebalgen und Zunahme der Sichttiefe sorgen. Aber es kam ganz anders, kein See – oder Versuchs-Biotope dieser Karpfenart –, haben wesentlich von seiner Reinigungsfunktion profitieren können. Denn der Tolstolob frißt nicht alle Algen, manche sind sogar tödlich für ihn, wie ein größeres Silberkarpfensterben 1988 im Strußnigteich durch die Massenansammlung einer toxischen Blaualge bewies.

Ob sich der Tolstolob in Kärnten fortpflanzen kann, wird von Fachleuten bezweifelt. Eventuell kann er es in sehr heißen Sommern bzw. wenn er sich dem Klima längere Zeit angepaßt hat. Dazu würden ein oder zwei Laichperioden mit Jungfischen genügen.

Ungeheuerlich können seine Größe und sein Gewicht werden, mehr als 50 kg bei über 1,5 m Länge. Im Grunde sind die Aussichten beider Fische gut, in Kärnten biblisch alt zu werden. Freilebende Gras- und Silberkarpfen gehen den Anglern nicht so ohne weiteres an den Haken. Beim Tolstolob sind die Fangaussichten mit der Angel besonders ungünstig, weil man spezielle Köder aus den Lieblingsalgen dieser Fische präparieren müßte. Die Fangergebnisse beim Amur hören sich besser an. Im Weißensee gehört er zu den begehrtesten Sportfischen der Petrijünger, weil er an der Schnur ausdauernd und wild kämpft. Manche werden mit einfachen Grasbüscheln gefangen. Interessant ist in diesem Zusammenhang, daß sowohl Amur als auch Tolstolob von Sportfischern schon mit Lebendködern gefangen wurden. Ob es sich hierbei um Zufallsfänge handelt oder die Fische teilweise ihre Nahrung umgestellt haben, ist nicht belegt.

Es steht außer Frage, daß Tolstolob und Amur für die Kärntner Gewässer eine nicht in jedem Fall günstige Veränderung der Fischwelt darstellen. Parasiten wurden eingeschleppt, und das Jungfischaufkommen durch Wegfraß von Wasserpflanzen gestört. Problematisch kann unkontrollierter Besatz werden, wenn die Fische in nicht ablaßbare kleine Teiche gelangen, wo insbesondere der Amur alles kahlfrißt.

Gras- und Silberkarpfen sind schmackhafte Fische, die in Teichwirtschaften erfolgreich gehalten werden können. Manche Fischwirte füttern die Amure mit frisch gemähtem Gras, während der Tolstolob sich von Algen ernährt, die sich durch seine eigenen Ausscheidungen bilden.

Der Wels, das Großmaul

Vor drei Jahren machte ein riesiger Wels aus dem Wörther See in allen Kärntner Zeitungen Schlagzeilen. Erstmals gelangten Unterwasser-Aufnahmen des mächtigsten und größten Raubfisches Mitteleuropas an die Öffentlichkeit. Und allen wurde klar, wie wenig man über diesen seltenen Riesen, um den sich Sagen und Legenden ranken, weiß.

Von allen Süßwasserfischen besitzt der Wels das mit Abstand größte und breiteste Maul. Sein mächtiger flacher Kopf nimmt rund 20 % der Körperlänge ein. Die Haut ist völlig schuppenlos und marmoriert. Typisch sind auch seine zwei sehr langen Bartfäden auf dem Oberkiefer etwa in Höhe der Augen, die er unter Wasser ständig bewegt. Auch der Unterkiefer weist vier, jedoch kürzere und dünnere Barteln auf. Wenn der Süßwasserkoloß auf Beutezug geht, gibt es für alle Lebewesen im See nur noch eins: Rette sich, wer kann! Seine bevorzugte Nahrung sind lebende Fische, Frösche, Wasservögel und kleine Säugetiere, aber auch Aas verschmäht er nicht.

Welse können hundert Jahre alt werden und eine Länge von 3 m und ein Gewicht von 300 kg erreichen. Der im Wörther See beobachtete und fotografierte Wels war etwa 2 m lang, wog schätzungsweise 60 bis 70 kg und hatte dementsprechend ein Alter von mindestens 30 Jahren. In Anbetracht der Seltenheit dieser

Wie in einem Müllschlucker verschwinden selbst größere Fische im Maul des Wallers.

behäbigen Räuber wäre es ratsam, solche Exemplare unter Naturschutz zu stellen. Berühmte Welsgewässer sind u. a. die Drau, der Ossiacher See, der Keutschacher See und der Zmulnersee.

Welse ruhen am Tage häufig in Ufernähe auf großen Schlammflächen. Beim Tauchen kann man die Schlafkuhlen gut erkennen und auch anhand ihrer Tiefe und Länge die ungefähre Größe des darin gelegenen Wallers abschätzen.

Die kleinen Knopfaugen des Wallers sehen vermutlich besser als man annimmt. Mit den Bartfäden ertastet er in der Nacht Umfeld und Beute.

Bis zur Abenddämmerung liegen die Riesenfische fast unbeweglich am Grund. Bei Hereinbrechen der Nacht durchstreifen sie dann auf langen Beutezügen Seen und Flüsse. Welse jagen überwiegend im Uferbereich, gelegentlich verfolgen sie auch große Reinankenschwärme ins Freiwasser. Gegen Morgen kehren sie zielsicher zu ihrem Schlafplatz zurück. Ortstreu finden sie sich immer an denselben Stellen ein. Wo diese liegen und wie tief, weiß man nur sehr ungenau, denn Welse unter Wasser zu finden gleicht einem Glücksspiel.

Ein Geheimnis bleibt, wohin die Welse im Winter ziehen. Etwa ab Ende Oktober verlassen sie ihre Schlafstätten und verschwinden im Niemandsland ihrer Gewässer. Noch nie gelang es einem Taucher, in dieser Zeit einen Waller zu beobachten, geschweigedenn zu fotografieren. Graben sie sich im Schlamm ihrer Schlafstätten ein, verstecken sich im Schilf oder tarnen sich zwischen versunkenen Bäumen? Ein Rätsel, das noch seiner Auflösung bedarf.

Ebenfalls ungeklärt ist, wie gut oder wie schlecht der Wels sieht. Gut ausgebildet sind auf jeden Fall sein Geruchs- und sein Geschmackssinn. Tatsache ist: er erspürt Schwimmer, Schnorchler und Taucher lange bevor diese ahnen, daß hier Kärntens größter Raubfisch in der Nähe liegt.

Wieviele Waller mit dem Gardemaß 2 m es in Kärnten noch gibt, kann man nicht mit Sicherheit sagen. Für den Wörther See gibt man eine Zahl zwischen 10 und 20 an, darunter werden vielleicht einer oder zwei sein, die ähnliche Maße haben wie der in Fischbüchern beschriebene Riesenwels aus der Drau bei Hollenburg mit 76 kg und einer Länge von 2,5 m. Traurig stimmt, daß die wildlebenden Waller auf der Roten Liste vom Aussterben bedrohter Tiere stehen.

Der Totengräber

Der Gründling zählt zu den Karpfenartigen, bevorzugt klares und sauberes Wasser und kommt u. a. in schnellfließenden Gewässern der Äschen- und Forellenregion sowie in den Zu- und Abflüssen der großen Kärntner

Der Gründling verschmäht mit seiner Vorliebe für Aas auch das Fleisch Ertrunkener nicht.

Seen vor. Kaum jemand kennt diesen „Saubermann", der die Seen von Fleischresten und Aas befreit.

Große Gründlinge werden etwa 20 cm lang, Ausnahmeexemplare sollen auch schon mal 25 cm erreichen. Ist es die geringe Körpergröße oder das verborgene, ja heimliche Leben, das diese Fische auf die Stufe der unscheinbaren und wenig beachteten Wasserbewohner stellt? Zwei Bartfäden rechts und links des Maules zeugen von einem feinen Tastsinn, mit dem der Gründling sei-

Bei uns als Speisefisch in Vergessenheit geraten, gilt der Gründling anderswo bei Feinschmeckern als Delikatesse.

ne Nahrung sucht, vorzugsweise in der Nacht. Versteckt im versunkenen Laub oder im dichten Kraut, unbeweglich im Schlamm verharrend oder eingehüllt in Algenfäden, verbringt er die hellen Stunden des Tages. Bei Anbruch der Dämmerung wird er munter und macht Jagd auf Kleinlebewesen. Würmer, Mückenlarven, Wasserkäfer, Krebstiere und Schnecken mag er gern, besonders aber Aas. Gründlinge haben eine Vorliebe für ertrunkene Säugetiere.

Geradezu schauerlich klingen die Geschichten, daß in Kriegs- und Seuchenzeiten die Leichname von Soldaten und Pestopfern in Donau und Drau geworfen wurden, wo Scharen von Gründlingen sie „entsorgten", was ihnen den Beinamen „Totengräber" eintrug.

In der Forellen- und Äschenregion fristet der Gründling das Dasein eines Beutefisches für die großen und schnellen Räuber. Obwohl die Bestände des Gründlings rückläufig sind, scheint die Art nicht gefährdet. In den Stauräumen der Drau gehört er zu den häufigen Kleinfischen. Etwa um 1880 wurde der Gründling in den Millstätter See als Lebendfutter für Forellen eingesetzt, weil man sich durch ihn eine Steigerung der Salmonidenfänge erhoffte. Wie lange er schon im hochgelegenen Weißensee lebt, ist nicht belegt. Aber bereits im letzten Jahrhundert wurde er sowohl im See, als auch in seinen Ausflüssen gefangen. Die Einheimischen nannten ihn dort „Bauer" oder „Lettenwühler".

Obwohl dem Gründling in der Literatur immer ein ausgeprägtes Verhalten zur Schwarmbildung nachgesagt wird, scheint das nur für die Jungfische zuzutreffen, diese leben anfangs tatsächlich in kleineren Verbänden. Schemenhaft huschen sie durch die Wasserpflanzen in der Uferzone. Meist bewegt sich der Gründling als typischer Bodenfisch nur Zentimeter über dem Grund, ältere Exemplare suchen aber ebenso die oberen Pflanzenteile nach Nahrung ab. In Ausnahmefällen (flachen Bächen) streben sie auch mal zur Wasseroberfläche, um dort Anflugnahrung aufzunehmen. Aas von Säugetieren spürt der Gründling dank seines guten Geruchssinns zielsicher auf, ob versunken oder an der Oberfläche treibend. In durch

Fäulnis aufgetriebenes Fleisch frißt er sich tief hinein und läßt sich in der Kadaverhöhle häuslich nieder. So lebt er dort wie im Schlaraffenland und treibt unter Umständen mit der verendeten Beute kilometerweit den Fluß hinunter.

Im Winter ziehen sich die Gründlinge in tieferes Wasser zurück, bleiben aber trotzdem aktiv bei der Nahrungssuche. Zwischen Mai und Juni laicht der Totengräber ab. Zirka 1000–3000 Eier verteilt das Weibchen an seichten Stellen über Steine und Wasserpflanzen. Die Eiablage zieht sich über mehrere Tage hin, dabei schwimmen die Gründlinge immer wieder neue geeignete Laichplätze an. Innerhalb von 30 Tagen entwickelt sich die Brut.

Trotz seiner makabren Lebensweise gilt der Gründling als Delikatesse, insbesondere in Frankreich. Dort wird er von Feinschmeckern als Speisefisch hoch eingestuft. In Kärnten schätzen ihn allenfalls Sportfischer als hervorragenden Köderfisch für Hecht, Zander, Waller und Forelle.

Interessant ist auch sein Farbkleid. Weshalb Gründlinge von Gewässer zu Gewässer unterschiedliche Strukturen und Farben besitzen, konnte bis heute nicht geklärt werden. Vermutlich verfügen sie über die Gabe, mittels Rezeptoren ihr Äußeres dem entsprechenden Umfeld anzupassen, wie es von Raubfischen bereits bekannt ist.

Hecht und Zander, unsere See-Räuber

Nur wenige Süßwasserfische können für sich in Anspruch nehmen, Gegenstand so vieler Geschichten und Legenden zu sein, wie der Hecht. Mit ihm verbinden wir die Begriffe Angriff, Gefräßigkeit, Kraft und Dynamik.

Daß Hechte auch Menschen nachstellen, bezeugt mancher Badender. Vor Jahren wurde beispielsweise im Klopeiner See ein Feriengast von einem Hecht in den Fuß gebissen. An Hand des Gebißabdrucks wurde der Angreifer auf eine Länge von 1,2 m geschätzt. Der Urlauber mußte sich in ärztliche Behandlung begeben. Allerdings handelte es sich bei diesem Angriff wohl um einen Einzelfall, in dem der Hecht von übermäßig großem Hunger geplagt sein mußte.

Zahlen und Fakten:
Nicht immer geht es wahrheitsgemäß zu, wenn über Größe und Gewicht von Hechten berichtet wird. Rekordmeldungen tauchen in schöner Regelmäßigkeit in

einschlägigen Fachzeitschriften und in der Tagespresse auf. Als sicher kann gelten, daß Hechte über 1,5 m lang werden können. Die größten bei uns sollen in der Drau leben, wo Fanggewichte von 20 kg und mehr erreicht werden. Gewaltige Exemplare hausen auch im Wörther und Ossiacher See. Über ihr Alter kann man bis heute nichts Genaues sagen. Es ist anzunehmen, daß 30 Jahre alte Hechte bereits zu den ältesten gehören. Leider ist es heute durch die intensive Befischung fast keinem Hecht mehr möglich, solch ein biblisches Alter zu erreichen, denn Hechte gelten unter den Petrijüngern als die Kampffische schlechthin, mit hohem sportlichem Stellenwert und hervorragender kulinarischer Verwertung.

Ernährung:
Im Laufe seines Lebens frißt ein Hecht so ziemlich alles, was ihm vor den Schlund kommt. Auch vor den ei-

Große Hechte sind die absoluten Herrscher im Süßwasser.

genen Artgenossen macht er nicht halt. Er ist also nicht nur Räuber, sondern auch Kannibale.

In den Mägen gefangener Hechte wurden die ausgefallensten Dinge gefunden: Ringelnattern, Krebse, Frösche, Mäuse, Bläßhühner, Eisvögel, Wasserratten, Maulwürfe, Muscheln, Jungvögel (Enten, Gänse und Schwäne), alle Arten von Fischen, Kaugummi, Zahnbürsten, Schnürsenkel, Orangenschalen, Bananen, verrostete Angelhaken, Kartoffeln, ein Gebiß (von einem zornigen Angler weggeworfen) und eine Uhr – sie soll noch getickt haben.

Prinzipiell bevorzugt der Hecht Lebendnahrung. Seinen ausgeprägten Schnappreflex kann er aber anscheinend nicht genügend kontrollieren, sonst wären die obenstehenden „Nahrungsmittel" wohl kaum in die Hechtmägen gelangt.

Tung Magen. Selbst eine zu große Beute kann jetzt nicht mehr ausgespuckt werden, und viele Hechte sind schon erstickt, weil sie das Maul zu voll genommen haben.

Jagdverhalten:
Der meist in Deckung stehende Hecht läßt sein Opfer bis auf Schwanzschlag-Entfernung an sich herankommen. Dann folgt ein blitzschneller Angriff. Der Räuber schießt auf die Beute mit einer derartigen Beschleunigung zu, daß es für sein Opfer meist zu spät zum Reagieren ist.

Ein im Hinterhalt lauernder Hecht hat die bemerkenswerte Eigenschaft, sich farblich seiner Umgebung anpassen zu können. Möglich wird dieser Prozeß durch

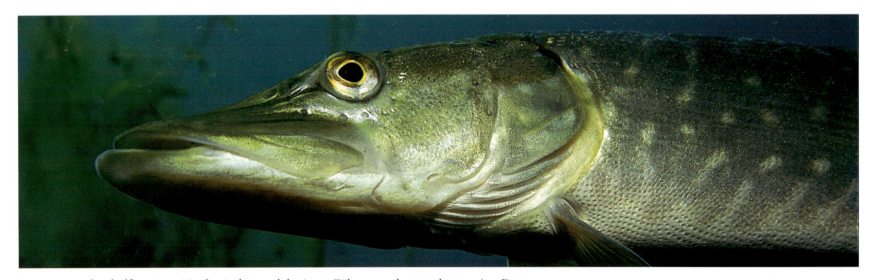

Dem entenschnabelförmigen Maul mit den nadelspitzen Zähnen entkommt kaum eine Beute.

Ähnlich wie die Haie hat der Hecht ein Revolvergebiß, d. h., wenn ein Zahn ausbricht, rückt ein neuer nach. Die Beute wird mit den Fangzähnen gepackt und so lange im Maul gedreht, bis sie – meist mit dem Kopf voran – verschlungen werden kann. Hat der Schluckvorgang einmal begonnen, so ist das Schicksal der Beute besiegelt – oder auch das des Hechtes. Infolge von nach hinten gerichteten Schlundzähnen gibt es nur noch den Weg in Rich-

Farbzellen in der Haut, die durch Lichteinfluß in den Augen und durch Reizung des Nervensystems erregt werden. So kann es in dunklen und moorigen Gewässern vorkommen, daß man als Taucher einem „schwarzen Hecht" begegnet. Da in einer solchen Umgebung das ausgezeichnete Sehvermögen des Hechtes nicht optimal genutzt werden kann, wird die Beute zusätzlich mit dem Seitenlinienorgan geortet. Dieser indirekte Tastsinn ermöglicht es dem Hecht, feinste Druckschwankungen und Wasserwirbel zu erfühlen – ja er kann sogar die Richtung ausmachen, aus der die Bewegung kommt.

Seine Lieblingsstandplätze sind verkrautete Ufer, Seerosenfelder, schilfbewachsene Regionen oder versunkene Bäume. Selten geht der Hecht ins Freiwasser – es sei denn, seine Beute wechselt häufig den Standort. Mitunter steht er unter Fischerstegen. Der sich darüber befindende Angler hat oft keine Ahnung, welch interessante Beute sich zu seinen Füßen befindet, während er den Köder weit in den See hinauswirft.

Hechte sind Einzelgänger mit ausgeprägtem Revierverhalten. Konkurrenten werden attackiert oder bisweilen gefressen. Zärtlich geht es nur beim Hochzeitsritual zu, das im zeitigen Frühjahr beginnt und mehrere Wochen

sen und Seen. Als ausgesprochener Raubfisch dezimiert er aber auch sich selbst. In fischarmen Gewässern findet man deshalb als Regulativ nur wenige Exemplare. Vom Aussterben ist er gottlob nicht bedroht, wenngleich in jedem Frühjahr zur Hatz auf ihn geblasen wird.

Feind ist aber nicht nur der Mensch als Jäger, sondern auch dessen Umweltverhalten, mit dem er Seen übersäuert und vergiftet. Hüten muß er sich auch vor dem Fischotter, dem Fischadler und dem Milan, es wurden nämlich schon Hechte gefangen, in deren Rücken die Klauen und teilweise vorhandenen Skelette dieser Raubvögel festgehakt waren. Die Beute hatte ausnahmsweise den Jäger ertränkt.

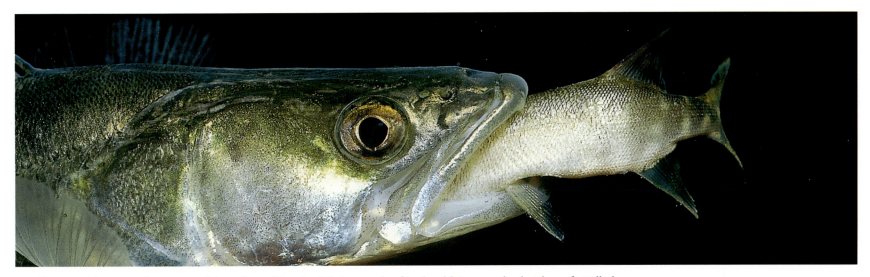

Zander verschlingt Hecht. Das Aufeinandertreffen der Räuber endet für den kleineren der beiden oft tödlich.

dauern kann. Doch die Hochzeit kann gefährlich werden. Schon kurz nach der Begattung – Rogen und Milch werden ins Wasser abgelassen – kann für den kleineren Ehepartner (fast immer das Männchen), die Liebe tödlich enden.

Ökologie und Ökonomie:
Hechte erfüllen in allen Gewässern eine wichtige biologische Funktion. Indem sie alte und kranke Fische erbeuten, gelten sie als die Gesundheitspolizei in Flüs-

Der Zander

Nach historischen Unterlagen wurden erstmals 1897 ca. 100.000 Zandereier in den Klopeiner See eingesetzt. Ernsthafte Besatzversuche erfolgten dann in den 30er Jahren, wo der Zander in allen großen Seen und zum Teil auch in Fließgewässern heimisch gemacht wurde. Heute lebt er sogar im hochgelegenen Weißensee, in vielen Stauseen und auch in den Drauschleifen.

Wer einem Zander im Wasser begegnet, erkennt ihn am gestreckt spindelförmigen Körper, am zugespitzten Maul mit den großen Fangzähnen, der metallisch glänzenden Haut und einer zweigeteilten stachligen Rückenflosse, die er bei Gefahr aufstellt. In nahrungsreichen Gewässern kann er 1,3 m lang und 15 kg schwer werden. Allerdings gelten in Kärnten Zander bereits mit 7 kg als Riesen. Interessant ist, daß der Zanderbestand zurückgeht, wenn die Sichtweite der Seen zunimmt. Vermutlich werden sie durch die primär vom Sehsinn gelenkten Hechte dezimiert. Hechte fressen Zander, umgekehrt aber fressen Zander jedoch auch Junghechte, die sich ins Freiwasser verirren.

So kann man den stachelbewehrten Ritter durchaus als Wächter der Tiefe bezeichnen. Meist weitab vom Ufer, gelegentlich tief, jagt er Rotaugen, Lauben und Renken. Hin und wieder wagt er sich ans Ufer, wo er auch mal ein Moderlieschen oder einen Barsch verspeist. Als Ausputzer und Vertilger von kranken Fischen übt er das Amt eines Gesundheitspolizisten aus. Auch ist er der einzige Großraubfisch im Süßwasser, der teilweise im Verband jagt. In sommertrüben Seen stoßen die Zandertrupps dann wie Kavalleristen in Fischschwärme hinein.
Gehobene Ansprüche stellt der Zander an die Wasserqualität. Mindestens 3,5 ml Sauerstoff pro Liter benötigt er zum Überleben.

Schönheit im Detail – Afterflosse eines Hechtes.

Winterruhe oder gar Winterschlaf benötigt er nicht. In den Monaten April, Mai suchen die laichreifen Fische Uferstellen mit hartem Untergrund in ca. 13 m Tiefe auf. Dort bauen sie neben versunkenen Bäumen oder im Astwerk ein regelrechtes Nest. Die Laichgruben werden bis zur Selbstaufgabe vom Männchen verteidigt. Man tut als Taucher gut daran, diesen Geburtsraum zu respektieren. Es sind Fälle bekannt, in denen sich der Zander in Tauchmaske und Lungenautomat verbiß. Sogar mittelschwere Gesichtsverletzungen trugen unvorsichtige Taucher schon davon. Auch mit ihren Artgenossen gehen die Zander nicht gerade sanft um. Wer sie beobachtet, wird deshalb immer wieder

feststellen, daß sie häufig Narben, Flossenverletzungen und Stoßwunden aufweisen.

Etwa eine Woche dauert es, bis aus den 1,5 Millionen Eiern die 5–6 mm langen Larven schlüpfen. Viele werden ein Opfer von Laichräubern, wie z. B. dem Aal. Die übrigen streben zur Wasseroberfläche, wo sie sich von tierischem Plankton ernähren. Ist das Nahrungsangebot reichlich, sind sie schnellwüchsig und greifen alsbald kleine Fische an. Zander dezimieren sich auch gegenseitig, weshalb keine degenerierten, sogenannte „verbutteten" Bestände wie bei den Flußbarschen entstehen können. Der Schwächere muß weichen oder wird vom Größeren und Stärkeren gefressen.

Die Rückenflosse der Zander ähnelt einem hochstehenden Sägeblatt. Im Alter weist sie häufig Verletzungen durch Rivalisierungskämpfe auf.

Flußbarsche besiedeln nahezu alle für sie geeigneten Gewässer.

Geschlechtsreif werden die Tiere erst nach 3 Jahren bei einer Mindestlänge von etwa 40 cm. Für den Besatz in Seen werden Zander in Brutanstalten als Setzlinge gezüchtet. Aus Versuchen weiß man nämlich, daß beim Einbringen von Zandereiern ca. 95 % Verlust kalkuliert werden muß. Das künstliche Ausbrüten in Sprühkammern (klares, sauberes Wasser) hat sich als wesentlich ergiebiger und ökonomischer erwiesen.

Streitpunkt unter Anglern und Fischereibiologen ist immer wieder die Frage, ob der Zander den Hecht verdrängt oder umgekehrt. Möglicherweise geschieht ein solcher Verdrängungskampf nur in Fließgewässern, denn in großen Seen kommen beide Fischarten oft gleich häufig vor, weil sie unterschiedliche Lebensräume bevorzugen. Wie sich Zander anpassen können, zeigt ein Beispiel aus dem Gebiet des südrussischen Meeres, wo sie teilweise im Brackwasser der Flußmündungen leben und nur während der Laichzeit die Flüsse hochsteigen.

Der Barsch, ein Wilderer

Die Familie der Barsche und Sonnenfische umfaßt viele Arten (wie den Fluß-, Forellen-, Sonnen- und Kaulbarsch;), von denen allein in Kärnten vier als gesichert heimisch gelten und weitere vier bis fünf vermutet werden.

Vom gemeinen Flußbarsch, der am häufig verbreitetsten Art, weiß man, daß er seinen Laich mit Vorliebe an Wasserpflanzen und in den Ästen versunkener Bäume und Sträucher niederlegt. Im Weißensee behängt er sogar die Nadeln ins Wasser hängender Tannenbäume. Sein Gelege, das einem großen, gallertartigen Netzband gleicht, besteht aus zahllosen Eiern, aus denen die kleinen Barsche entstehen.

Bis zu 300.000 Eier kann ein Barschweibchen beim Ablaichen produzieren. Gelangen nun tauchende und gründelnde Wasservögel mit dem Gefieder an das Laichband, bleiben Teile davon hängen und werden so in andere Gewässer übertragen. Die Barsche haben es auf diese Weise geschafft, ihr Verbreitungsgebiet ständig zu vergrößern. Fischer bezeichnen sie oft als Fischunkraut, weil sie unkontrolliert in oft riesigen Jungfischschwärmen auftreten und im Laich anderer Fische wildern.

In Schichten wohnen:
Vielerorts bleiben die Barsche klein und wirtschaftlich uninteressant, doch berichten Angler von beachtlichen Fängen aus dem Weißensee, dem Längsee, dem Feldsee und dem Millstätter See. Einzelexemplare sollen fast 50 cm bei einem Gewicht von 3,5 kg gemessen haben. Hingegen werden in den Stauräumen der Drau nur Winzlinge von 10–20 cm gefischt.

In großen und sehr tiefen Seen mit guter Sauerstoffdurchmischung lassen sich drei ökologische Formen des Flußbarsches nachweisen.

Die Uferzone bewohnt der kräftig gefärbte Krautbarsch, der hier für Unruhe unter den Friedfischen sorgt. Er gilt als übler Räuber und attackiert alles, was er fressen kann. In der Freiwasserregion treibt sich der Jagdbarsch herum. Er ist heller gefärbt, hebt sich also kaum von der Wasserfarbe ab. So schleicht er sich an die Jungfische der Renken, Strömer und Schneider heran. In fast ewiger Nacht lebt der dunkle Tiefenbarsch. Sein Revier erstreckt sich bis über 50 m Tiefe. Dort unten, wo kein Sonnenstrahl das Wasser mehr durchdringt, lauert er auf seine Beute, vorbeiziehende junge Reinanken, die er dank seiner ausgeprägten Sinne für Schwingungen und Wasserbewegungen torpedoartig aus dem Hinterhalt überfällt.

Der Flußbarsch kommt noch in 1000 m hochgelegenen Seen vor. Unempfindlich wie er ist, hat man ihn sogar schon im Brackwasser der Ostsee beobachtet. Gegen seine schlimmsten Feinde, den Hecht und den Zander, welcher gleichzeitig sein nächster Verwandter ist, schützt er sich durch Aufstellen der stacheligen Rückenflosse. Dadurch wirkt er höher und drohender, was die großen Räuber in vielen Fällen veranlaßt, vom Angriff abzusehen. Wenig Chancen hat er beim Wels. Der schluckt ihn, Stacheln hin, Stacheln her, einfach unzerkaut.

Forellenbarsch

Seine ursprüngliche Heimat ist Nordamerika. Bereits im Jahre 1883 wurde er in Deutschland eingeführt und gelangte 1911 durch einen Unglücksfall in den Wörther See, als ein Dammbruch an den Veldener Schloßteichen Alt- und Jungfische hinausspülte. Dem Wörther See hat diese unabsichtliche Fremdpopulation nicht geschadet. Die Fische werden über 3 kg schwer, spielen aber gesamtwirtschaftlich nur eine untergeordnete Rolle.

Im allgemeinen läßt sich der Forellenbarsch nur schwer mit Angel oder Netz fangen, weil er ortstreu ist und nur selten vagabundierend umherschwimmt.

Langsam aber stetig verbreitet er sich. Heute kommt er bereits im Forstsee, im Hafnersee, Keutschacher See und Hörzendorfer See vor.

Um seine Brut ist er sehr besorgt. Sowohl Männchen als auch Weibchen bewachen eifersüchtig Eier und Nest.

Sonnenbarsch

Wie der Forellenbarsch stammt auch er aus Nordamerika, und ist in Europa seit 1887 heimisch. Wie und wann er nach Kärnten gelangte, ist ungeklärt, vermutlich aber durch unkontrollierte Besatzmaßnahmen. Auf diese Weise verschaffte er sich auch Einlaß in den Wörther See, Ossiacher See und Millstätter See.

Der farbenfrohe, bis 30 cm große Jäger kommt auch in vielen kleineren Gewässern, in Teichen, Tümpeln und

Sonnenbarsche sind Einwanderer aus den USA. Ihre Vermehrung erfolgt explosionsartig, wenn Freßfeinde fehlen.

Flußnebenarmen vor, die er regelrecht „verseuchen" kann, wie beispielsweise den Weizelsdorfer See. Hier terrorisieren die kleinen Teufel in Ermangelung natürlicher Feinde, wie Hechte oder Zander, bereits das ganze Gewässer. Auf jedem Quadratmeter liegen 5–6 hungrige Sonnenbarsche auf der Lauer, die keine Kaulquappe und keinen Jungfisch verschonen.

Auch die Brut von Karpfen, Döbel und Schleien wird dezimiert.

Und den Anglern raubt der vorwitzige Fisch die Ruhe, wenn er die Würmer vom Haken stiehlt. Dennoch bleibt er einer der schönsten Süßwasserfische, sein Hochzeitsspiel ist anmutig und liebevoll.

Kaulbarsch

Er gehört zu den seltenen bei uns nicht heimischen Barschvertretern und findet sich nur in wenigen Kärntner Gewässern, darunter im Millstätter See. Mit seinem gedrungenen Körper und der hellgelben Rückenflosse bleibt er allerdings jedem Angler und Taucher in Erinnerung. Der kleine Bruträuber wird nur 12–15 cm groß, verträgt aber fast alle Gewässerarten, auch salzhaltige. Als Nahrungskonkurrent edlerer Fische wird er für jeden Züchter zum Ärgernis, wenn er in Gewässer eindringt und dort kurzerhand wertvollsten Laich dezimiert.

Der Aal, das schwimmende Rätsel

Ursprünglich war der Aal in Kärnten nicht heimisch, doch wegen seiner wirtschaftlichen Bedeutung wurden erste Besatzversuche bereits 1887 im Walterskirchner Teich bei Krumpendorf vorgenommen. In den sechziger Jahren unseres Jahrhunderts wurden dann Millionen Jungaale in die verschiedenen Kärntner Seen eingesetzt. Seitdem beschäftigt der geheimnisvolle Fisch, der bis zu 1,5 m lang und über 6 kg schwer wird, die Menschen in seiner Umgebung.

Riesige Exemplare, fast so groß wie Muränen, hausen im Millstätter und Wörther See. Die Erträge aus der Berufsfischerei sind karg, dafür räumt der schlangenähnliche Allesfresser mächtig unter den Jungfischen und dem Laich vieler Edelfische auf. In Untiefen und auf großen Schlammflächen lauert er, um blitzartig in die Fischschwärme hineinzustoßen. Selten verfehlt er sein Ziel. Gibt es zu wenig Lebendnahrung, frißt er Aas oder verläßt sein Gewässer, indem er sich schlängelnd

über viele Kilometer durch Feuchtwiesen und Rinnsale zum nächsten See davonmacht.

Seit langen versuchen Wissenschafter das Geheimnis der Geburtsstätte des Aals zu enträtseln. Vergeblich! Man weiß, daß Aale, sofern sie die Möglichkeit haben, nach etwa 10 Jahren von einem Wandertrieb erfaßt werden und zum Meer streben. Sie stellen die Nahrung ein, die Augen vergrößern sich, der Kopf wird spitz, der Körper fest und muskulös. Nun nennt man ihn Blankaal, denn seine Bauchseite wird silberglänzend.

Was dann im Meer geschieht, bleibt ein Geheimnis. Weder weiß man, in welcher Tiefe (man vermutet mittlerweile mindestens 5000 m) die Aale ihrem Geburtsort, der Sargasso-See im Westatlantik, zustreben, noch wie sie diese kräftezehrende Reise von über 6000 km ohne Nahrungsaufnahme überstehen. In Versuchen haben Aale allerdings vier Jahre überlebt, ohne zu fressen, ein einmaliger Rekord.

Als Ertragsfisch eingesetzt, hat sich der Aal vielerorts zur Plage entwickelt, weil er den Laich anderer Fische frißt.

In aufwendigen Forscherfahrten haben Fischkundler mit feinmaschigen Netzen den Atlantik durchkämmt, doch es wurde nie ein ausgewachsener Aal mit Laich im Bauch gefangen. So ist unbekannt, wie ihre Eier aussehen, und niemand weiß, wie die Paarung vonstatten geht. Gefunden hat man lediglich Aallarven, winzig klein doch mit unverhältnismäßig großen Gebissen.

Noch mysteriöser wird es, wenn man sich klarmacht, daß die europäischen und die amerikanischen Aale denselben Geburtsort haben, aber die Larven der Europäer niemals nach Amerika wandern oder umgekehrt. Wie also die Larven, denen anfangs gezielte Schwimmbewegungen und Richtungsänderungen nicht möglich sind und die von den Meeresströmungen pelagisch davongetrieben werden, am Ende nach dreijähriger Reise in unseren Seen und Flüssen landen, bleibt ein Rätsel.

Wie wenig man den Aal wirklich kennt, wird deutlich, wenn man wissenschaftliche Publikationen studiert. In jedem dritten Satz steht: „Wir nehmen an, man vermutet, es kann davon ausgegangen werden!"

So ist weiterhin ungeklärt, wie die Geschlechter entstehen. Festgestellt hat man lediglich, daß sich die im Brackwasser lebenden Aale vorwiegend in Männchen verwandeln, während die ins Süßwasser aufstrebenden Tiere vorzugsweise Weibchen werden.

Viel gerätselt wird auch, warum sich im Süßwasser zwei ökologische Arten bilden, der Raub- oder Breitkopfaal und der kleinere Spitzkopfaal. Beide Arten können beispielsweise in ein und demselben Gewässer vorkommen, so beispielsweise im Wörther See. Und zwischen diesen Gruppen gibt es sogar Übergangsformen.

Gefunden hat man beim Aal sogenannte Gehörsteinchen, die den Gleichgewichtssinn der Tiere regeln und auch Jahresringe aufweisen. Außerdem enthält sein Blut das starke Nervengift Ichtyotoxin, das aber durch Kochen zerstört wird.

Geradezu phänomenal ist sein Geruchssinn. Gilt bereits der Hai als Riechwunder, der über viele Kilometer hinweg einer Blutspur im Meer folgen kann, so fällt er doch gegenüber dem Aal um Längen zurück. Dieser schmeckt nämlich die Verdünnung einer Substanz von weniger als einem Liter in der Masse des Wassers von Ossiacher und Wörther See zusammen. Kein anderer Fisch erreicht auch nur annähernd diese Geruchsleistung. Hinzu kommt, daß der Aal sogar mit seinem Schwanz riechen kann. Und an den Seitenflanken besitzt er zusätzliche Sinnesorgane, die wie Geschmacksknospen arbeiten.

Doch wozu benötigt der Aal diesen weltmeisterlichen Geruchssinn? Manche Forscher nehmen an, daß er damit seinen Geburtsort im Meer erriechen kann.

Der Aal ist nicht nur zäh, er gehört auch zu den unempfindlichsten Fischen im Süßwasser. Nicht selten hält er sich in der Nähe von Heizkraftwerken auf, wo das warme Wasser in die Flüsse zurückfließt. Er gedeiht in diesen lauwarmen Brühen besser als erwartet und wird dort zur Freude der Angler groß und fett.

Auch verschmutztes Wasser stört ihn nicht sonderlich. Wo sich kein anderer Fisch wohlfühlt, paßt er sich an. Ja, manchmal hat man den Eindruck, er suche geradezu die Abwasserflüsse, wo er sich von Unrat, alten Fischresten und Ungeziefer (Mäusen!) ernährt.

Große wirtschaftliche Bedeutung hat der Aalfang in Kärnten nicht. Vermutlich deshalb, weil sich die Population nicht erneuern kann, denn aus den Kärntner Gewässern kann er nicht zu seinem Laichplatz in der Nähe des Bermuda-Dreiecks gelangen. Wie sich diese erzwungene Unterdrückung des Wandertriebs auswirkt, ist ungeklärt. Tatsache scheint zu sein, daß er aufgrund der idealen Wasserverhältnisse und des Nahrungsangebotes sehr alt werden kann. Man schätzt die Lebenserwartung vieler Aale in Kärnten auf 80–100 Jahre. Das würde bedeuten, daß man Einzelexemplaren des vor 30 Jahren erfolgten Besatzes noch Mitte des nächsten Jahrhunderts begegnen wird.

Saibling, Forelle, Äsche und Sterlet, die raren Köstlichkeiten

Prächtig gefärbt und wohlschmeckend wie kein zweiter, galt der Saibling im Mittelalter als Fisch der Fürsten und wurde nur auf adeligen Tafeln serviert. Hingegen wurde der Bachsaibling erst im 19. Jahrhundert aus Nordamerika eingeführt. Wer jemals unter Wasser einem Bachsaibling im Hochzeitskleid begegnet ist, kann verstehen, daß er zum Höhepunkt der Speisefolge wurde, ist doch das Muster seiner Schuppen am rotglänzenden Bauch und den marmorierten Unterkiefern eine wahre Augenweide.

Drei Arten von Saiblingen leben in Kärnten. Neben dem Bachsaibling kommen noch die echten europäischen Seesaiblinge und der eingebürgerte amerikanische Seesaibling vor, der unter anderem im Galgenbichl- und Göskar-Speicher lebt.

Auch Bachsaiblinge waren ursprünglich hier nicht zu Hause. Ihre Heimat liegt im Osten von Nordamerika, in Europa werden sie seit 1884 und in Kärnten seit 1891 in Fischteichen gezüchtet. Schon 1884 wurden die ersten Bachsaiblinge durch den Lehrer Johann Tschauko im Loibltal ausgesetzt. Seitdem hat sich der Bachsaibling prächtig etabliert und kommt sowohl in stehenden als auch fließenden Gewässern in großer Zahl in allen Teilen des Landes vor. So auch im Stappitzer See, Melniksee und im Kölnbreinspeicher, einem der größten Wasserreservoirs der Alpen.

Im Grunde ist der Bachsaibling ein unproblematischer Fisch, der eigentlich nur sauerstoffreiches Wasser benötigt. Verstecke wie bei der Bachforelle sind nicht erforderlich, weshalb er auch in begradigten Bachläufen leben kann. Fliegen, Krebse, Würmer und kleine Fische bilden seine Hauptnahrung. Paart er sich mit der Bachforelle, was möglich ist, so ergeben sich aus dieser Verbindung sterile Bastarde, die man Tigerfische nennt.

Während der Bachsaibling nur in einer Erscheinungsform auftritt, gibt es vom Seesaibling je nach Gewässertyp und Lage viele Unterarten, wie z.B. den Schwarzreuter, dessen Länge max. 25 cm beträgt bei einem Höchstgewicht von weniger als 100 g. Noch schmächtiger bleibt der Hungersaibling, eine Tiefseeform, die kaum 16 cm lang wird. Wie und weshalb diese Formen entstanden und wie ihre Stellung zueinander ist, konnte bis heute nicht eindeutig geklärt werden, zumal in vielen Gewässern mehrere Formen nebeneinander existieren.

Seesaiblinge beim Paaren zu beobachten, ist unmöglich, da ihr Hochzeitstanz und die Eiablage in 80 m Tiefe stattfinden, im tiefsten Winter, unter gefrorener Eisdecke.

Die Schuppen des Bachsaiblings glitzern wie Edelsteine.

In sehr hochgelegenen Seen bleiben diesen Fischen nur wenige Monate im Jahr, in denen sie durch Anflugnahrung den ärgsten Hunger stillen können. So machen ausgewachsene Exemplare notgedrungen auch Jagd auf die eigene Brut. Doch wie kamen die Fische in diese abgelegenen Gewässer? Schon im Mittelalter wurden von frommen Bauern Saiblinge aus dem Salz-

Ein schwimmendes Märchen – der Seesaibling.

Der Bachsaibling – ein König der Fische und Fisch der Könige.

kammergut im Rahmen von Prozessionen und auf Drängen von Kirche und Adel in der Abgeschiedenheit der Hochgebirgswelt angesiedelt. In wahren Saiblings-kreuzzügen wurden die empfindlichen Fische mit Frischwasserbehältern bis in Höhen von 3000 m hinaufgetragen. Bereits im 13. Jahrhundert begannen diese Besatzversuche, sodaß sich der Seesaibling heute in Gewässern etabliert hat, wo man nie und nimmer Fische vermuten würde, z. B. im ursprünglich fischleeren Gnadensee, im Mühldorfer See am Reißeck, in den Zirbitzkogelseen und in den Gewässern am Naßfeld.

Der Seesaibling ist wohl der wohlschmeckendste unserer Seenbewohner. Schon vor Jahrhunderten hielt er aufgrund seines edlen Fleisches und des würzigen Geschmacks Einzug in verschiedene Wappen und Stadtnamen, so auch auf das Siegel des „Hirter Biers".

In den letzten Jahren wurden viele Versuche unternommen, Seesaiblinge in die großen Kärntner Seen auszusetzen und so die Erträge zu steigern. Das war nicht immer von Erfolg gekrönt. Während sich der Seesaibling im Weißensee, Faaker und Millstätter See gut halten konnte, blieben Besatzversuche im Längsee erfolglos. Auch die Fangquoten lassen allgemein zu wünschen übrig. Mehr als 1000 kg pro Jahr wurden auch in den besten Jahren nie gefangen. So kommt es, daß der Saibling die rare Köstlichkeit bleibt, die er seit jeher war.

Die Forelle

Ein jeder kennt die Forelle von der Speisekarte – als „Forelle blau" oder „Müllerin Art". Nur wenige aber kennen den Schnellschwimmer unter den Süßwasserfischen näher und wissen von seinen biologischen Besonderheiten.

Innerhalb der Forellenfamilie gibt es Zwerge und Riesen. Manchmal bewohnen sie sogar ein und dasselbe Gewässer. Seeforellen, die größten unter den heimischen Salmoniden, werden bis zu 1,5 m groß. Im Weißensee wurden bereits Exemplare von über 1,2 m Länge und 20 kg gefangen. Die als Weißenseelachs bekannte Form macht sogar Jagd auf Hechte.

Regenbogenforellen sind zäh und anpassungsfähig.

An den roten Punkten des Schuppenmusters erkennt man die Bachforelle.

Das Auge einer Bachforelle entdeckt auch die kleinste Fliege an der Wasseroberfläche.

Andererseits bilden sich in nahrungsarmen Bergbächen und hochgelegenen Gletscherseen Zwergformen, sogenannte Schwarzreuter. Mehr als bei anderen Fischen ist bei Forellen das Nahrungsangebot für Muskelzuwachs und Wachstum von primärer Bedeutung. Wo natürliches Fischfutter fehlt und auch nicht zugefüttert wird, haben die Jungen wenig zu lachen. Ohne Rücksicht fallen die Eltern über die eigene Brut her.

Forellen sind wahre Feinschmecker. Sie wählen sich je nach Jahreszeit die wohlschmeckendsten Insekten, die ins Wasser fallen. Im Herbst werden so beispielsweise Mücken, die im Frühjahr „frisch" waren, regelrecht übersehen. Forellenfischer sind deshalb die Meister unter den Sportfischern. Die Spezialisierten dürfen deshalb bei Strafe nicht mit gewöhnlichen Anglern verwechselt werden!

Forellen schlucken niemals Kunstfliegen mit Haken oder gewöhnliche synthetische Fangmittel. Schon beim ersten zaghaften Zuschnappen spüren sie das Künstliche der Beute und spucken den Köder sofort wieder aus. Genau diesen Augenblick muß der Fliegenfischer erahnen und seinen Anschlag machen, damit sich der Haken im Maul verfängt. Dies ist die wahre und hohe Kunst des Fischens.

Phänomenal an Forellen ist nicht nur ihr ausgeprägter Geschmackssinn, sie gelten auch als die empfindlichsten Gradmesser einer Wasserverschmutzung. In fast allen Trinkwasseraufbereitungsanlagen werden die feinfühligen Bachforellen als lebende ph-Wertmesser und Sauerstoffanzeiger verwendet. Wer so sensibel ist, hat es heutzutage begreiflicherweise schwer, in den verschmutzten Gewässern zu überleben und so stehen Bach- und Seeforellen in Kärnten bereits auf der Roten Liste. Dabei ist vieles noch nicht endgültig erforscht. So zum Beispiel warum unter bestimmten Bedingungen aus der Bachforellenbrut Seeforellen werden können und umgekehrt. Oder warum es im Weißensee früher Goldforellen gab – manche Fischer wollen diese Farbvarietät sogar erst vor kurzem noch gesehen haben – obwohl niemals solche Fische dort eingesetzt wurden.

Helfer der Blinden?
Im Ohridersee an der Grenze zu Mazedonien – Europas ältestem Gewässer – hat sich eine Urform der Bachforelle ohne genetische Veränderung erhalten. Das seit Jahrtausenden von jeglichen Zuflüssen verschonte Gewässer ist der Lebensraum der archaischen Ohrid-Forelle. Das Interessanteste an der Ohrid-Forelle ist nicht etwa ihr reinrassiger Stammbaum, sondern daß das Gewebematerial dieses Fisches vom menschlichen Körper nicht abgestoßen wird.

An der Universitäts-Augenklinik in Skopje macht man sich dies zunutze, indem man die Linsen von Forellenaugen als Transplantate zur Heilung von Erblindeten oder vom Erblinden bedrohter Patienten verwendet. Berichten zufolge soll die Ohrid-Forelle über 100 unter anderem an Grauem Star erkrankten Menschen das Augenlicht gerettet haben. Nun denken Mediziner und Biologen darüber nach, wie man diesen Fisch in Kärnten heimisch machen könnte.

Jahrelang hatten Forscher, Fischkundler und Unterwasser-Fotografen aussichtslos versucht, Forellen beim Laichen zu beobachten. Vergeblich! Zwar konnte das Liebesspiel gut registriert werden, auch das Ausheben von Laichkuhlen war kein Geheimnis mehr, doch der eigentliche Laichvorgang mit Besamen blieb ein Geheimnis.

Erst vor wenigen Jahren gelangen englischen Forschern Film- und Fotodokumentationen des Paarungsvorganges. Dabei wurde sogar die Kopulation mit Zeitlupenkameras gefilmt. Kein Wunder, daß die Einzelheiten der Begattung bisher unbeschrieben waren: Laichen und Besamen dauert bei Forellen nicht einmal drei Sekunden – nach einem Vorspiel von zwei Wochen.

Haben Forellen eine „Sterbedrüse"? Bisher wurde ein solches Organ nicht gefunden und doch steuert bei den nordamerikanischen Regenbogenforellen, die seit 1891 auch in Kärnten heimisch sind, eine unsichtbare innere Uhr einen Alterungs- und Verjüngungsprozeß, der in der Tierwelt einmalig ist.

Wandern die Regenbogenforellen zu ihren Laichgebieten, altern sie überstürzt. In völliger Inappetenz verlieren sie rapide an Gewicht, das Rückgrat krümmt sich zu einem Buckel, die Augen werden stumpf, die Kiemendeckel fransen aus und das Maul verbiegt sich zu einem gespenstig unförmigen Freßwerkzeug. Gleichzeitig setzt eine erschreckende Arterienverkalkung ein, die Forellen verkommen zu Greisen.

Das Ende scheint nah. Mit letzter Kraft gelingt der Paarungsakt. Während Lachse, die ein ähnliches Sterberitual durchmachen, nach der Kopulation den Alterstod sterben, streben die Regenbogenforellen wieder flußabwärts. Und nun beginnt das Wunder. Je weiter sich die Forellen vom Laichplatz entfernen, desto jünger werden sie. Schon nach wenigen Tagen ist die vormals fast tödliche Verkalkung zurückgegangen. Auch die körperlichen Vergreisungsmerkmale und Mißbildungen verschwinden. Bis zu viermal in ihrem Leben kann sich die nordamerikanische Regenbogenforelle so „regenerieren" und das Sterbe- und Kopulationsritual überstehen. Gelänge die Isolierung dieses geheimnisvollen Stoffes, der die ewige Jugend verspricht, könnte sich der Traum der Menschen, unsterblich zu sein, erfüllen.

Vorkommen, Feinde, Wirtschaftsfaktor:
Forellen, so lehren die Schulbücher, können nur in den temperierten Zonen der nördlichen Halbkugel leben. Bergbäche, Kiesgruben, Alpenseen, Quelltöpfe, klare Naturseen sind ihre Lebensräume.

Doch die geschmacklich beste Forelle kommt – man glaubt es kaum – aus Taiwan. Dort fand der chinesische Fischkundler Cheng Ming-Neg nach jahrelangen Wanderungen durch die entlegenen und menschenleeren Hochtäler Taiwans die vermeintlich ausgestorbene Tachia-Forelle. Die einzige Forellenart, die in subtropischen Ländern je entdeckt wurde. Sie gilt unter Kennern als größte Köstlichkeit.

Durch Besatz wurden in Kärnten auch Forellen aus Übersee heimisch. Wie bei vielen anderen Tierarten kommt es bei hoher Fischdichte und gemeinsamen Freß- und Laichplätzen hier ebenso zu Bastard-Nachkommen und Farbvarietäten. Im Klopeiner See wurden herrlich gefärbte Tigerforellen gesichtet, die jedoch nicht fortpflanzungsfähig sind.

Selbst bei der Regenbogenforelle gibt es natürliche und künstliche Kreuzungen, so daß es mittlerweile äußerst schwierig ist, Urformen und Stämme in genetisch reiner Form zu finden. Vordergründiges Ziel aller künstlichen Kreuzungen war immer der schnellwachsende, wohlschmeckende und gegen Umwelteinflüsse resistente Fisch. So führten Versuche auch zur Lachsforelle, deren rosafarbenes Fleisch von unlauteren Händlern auch als Lachs verkauft wurde. Fast allen Zuchtversuchen hat sich die Bachforelle entzogen. Als reviertreuer Fisch zeigt sie schon im Jungstadium ein ausgeprägtes Territorialverhalten, was eine problematische Eingliederung in die Teichwirtschaft zur Folge hat.

So findet man beim Fischhändler und auch im Gasthaus fast ausschließlich die besser zu haltenden Regenbogenforellen. In Kärnten beläuft sich die jährliche Produktion von Speiseforellen auf über 500 t. Damit steht der Frischwasserschwimmer einsam an der Spitze aller Wirtschaftsfische.

Die Äsche

Die unverwechselbaren Merkmale dieser scheuen Fische sind ihre fahnenartigen Rückenflossen und der an Thymian erinnernde Wohlgeruch ihres Fleisches, weshalb man sie auch „Thymian-Fische" nennt.

Äschen sind mit den lachsartigen Fischen verwandt, sie leben standorttreu vorzugsweise im Übergangsbereich vom Bach zum kleinen Fluß, der nach ihnen auch „Äschenregion" heißt. Die Äsche teilt sich als Leitfisch diese Region mit Huchen, Forellen, Bachsaiblingen, Groppen, Schneidern, Haseln, Barben und Aalrutten. Sie lieben kaltes Wasser, es darf im Jahresmittel maximal zwischen 12°C und 16°C liegen.

Äschen bilden gern kleine Schwärme, die sich entweder über Kiesflächen oder in kleinen Gumpen sammeln. Während die Äsche in Kärnten ausschließlich auf größere Flüsse, wie die obere Drau, die mittlere Gurk, die untere Möll und die Gail beschränkt bleibt, lebt sie in Skandinavien und Rußland auch in vielen Seen. Im

Gefangene Äschen lassen sich nur schlecht haltern. Beim toten Tier verliert das Fleisch innerhalb weniger Stunden an Geschmack.

Schärengürtel der finnischen und schwedischen Küste ist sie sogar im Brackwasser heimisch.

Obwohl Äschen zu den wohlschmeckendsten Süßwasserfischen zählen, sind sie kaum auf Speisekarten zu finden.

Das feste, weiße Fleisch verliert den charakteristischen thymianähnlichen Geschmack schon bald nach dem Tod der Fische. Hingegen gelten die scheuen Gesellen als höchst interessante Sportfische, die lange und ausdauernd an der Schnur kämpfen. In langen Fluchten schießt die Äsche dahin und versucht den Köder loszuwerden. Äschenfang zählt daher zur Hohen Schule des Fliegenfischens.

be ab, die sie mit dem Schwanz freigelegt hat. Etwa 6000 Eier werden in die Kuhle gelegt, nach etwa 4 Wochen schlüpfen die Larven. Der kleine Dottersack ist schnell aufgebraucht, die Jungäschen schließen sich zu Schwärmen zusammen und jagen gemeinsam im Freiwasser.

Stark abhängig vom Aufenthaltsort ist die Wachstumsgeschwindigkeit. In nahrungsarmen Gebieten bleibt die Äsche lange Zeit ein Kümmerling. Ist das Nahrungsangebot aber reichhaltig, kann aus ihr nach wenigen Jahren ein Brocken von 60 cm Länge und 3 kg Gewicht werden. Solche Exemplare sind allerdings selten. In früheren Jahren wurden vor allem in

Charakteristisches Merkmal der Äsche ist ihre Segelflosse.

In der Jugend ernährt sich die Äsche von Kleintieren, überwiegend Insektenlarven, Würmern, Schnecken, Anflugnahrung und Fischlaich. Mit zunehmendem Alter überwiegen dann Räuberdasein und Kannibalismus. Elritzen, Jungforellen, Groppen und die eigene Brut werden verfolgt.

Während der Laichzeit sind beide Geschlechter intensiv gefärbt. Die Körper glänzen in Violettrot, Purpur und weisen grüne Längsstreifen auf. Ein wunderschöner Anblick. Das Weibchen laicht in einer kleinen Gru-

der Drau jährlich fast 15.000 Äschen gefangen. Leider sind durch Flußregulierung, Abwassereinleitung und Kraftwerkstau die Äschenbestände stark zurückgegangen.

Um die Äschenbestände zu regenerieren, wird mancherorts mit relativ guten Resultaten die Baikaläsche aus Sibirien eingesetzt, die als robuster gilt. Mittlerweile fängt man aber auch in der Lavant, wo die heimischen Äschen als ausgestorben galten, wieder ansehnliche Exemplare.

Obwohl Grundfische, streben Störe hin und wieder zur Oberfläche, um Treibnahrung aufzunehmen.

Der Stör, ein Fisch mit goldenen Eiern

Unbekannt und geheimnisvoll verläuft das Leben der Störe in Seen und Meeren. In Kärnten glaubte man den überall vom Aussterben bedrohten größten Süßwasserfisch der Erde als ganz verloren. Wir fanden Einzelexemplare seines kleineren Bruders, des Sterlets, in den Schleifen der Drau.

Der älteste geschichtliche Nachweis des Störes (Acipenser sturio) stammt von dem griechischen Schriftsteller Herodot, der den Riesenfisch bereits 450 v. Chr. in einem seiner Werke erwähnte. Wie beliebt der Stör als Speisefisch in den folgenden Jahrhunderten auch in nördlicheren Regionen wurde, belegen Schriften u.a. über die Störhalle an der Hamburger St. Pauli-Landungsbrücke, die stolze 2,30 Ar maß. Es herrschte ein reger Handel, tonnenweise wurden Störe in Netzen gefangen, wohlschmeckende Störgerichte gehörten zu den traditionellen Festessen.

Lebensweise:

Besatzversuche sind nicht immer von Erfolg gekrönt, denn der Stör ist ein Wanderfisch, der nur zur Laichzeit aus dem Meer in die Flüsse aufsteigt. Die einzige stationäre Form lebt im Lagodasee.

Störe sind vorzugsweise Bodenfische, die sich auf schlammigen oder tonigem Untergrund wohlfühlen. Hier überwintern sie auch, fast völlig eingegraben. Allerdings sind Störe außerordentlich empfindlich gegen allzu trübes und verschmutztes Wasser. Dies ist auch der Grund, weshalb diese zu den Knochenfischen zählenden Tiere fast alle großen mitteleuropäischen Flüsse verlassen haben. Selbst in der österreichischen Donau gilt der Stör als ausgestorben oder verschollen. Bekannt ist der große Räuber für seine Gemächlichkeit, mit der er sich, den Boden nach Nahrung durchwühlend, fortbewegt. Gelegentlich schießt er aber wie ein Torpedo durchs Wasser, auch wilde Luftsprünge sind von ihm bekannt. Er bewältigt ohne Schwierigkeiten Stromschnellen, indem er von einem Vorsprung zum anderen springt, und das trotz seines beträchtlichen Gewichtes.

Nicht der Wels, sondern der Stör ist der größte Süßwasserfisch der Erde. So erreicht der Hausen, eine Störart, die früher häufig in der Donau und vereinzelt auch in der Drau gefangen wurde, die beeindruckende Länge von 9 m bei einem Gewicht von über 1500 kg. Selbst im Meer wäre er ein Riese.

Auch der gemeine Stör kann furchterregend groß werden. Ein Ausstellungsexemplar, das französische Fachleute für die Nachwelt präparierten, mißt 5,5 m. Der Riesenfisch brachte 800 kg Lebendgewicht auf die Waage.

Angesichts solcher Dimensionen verwundert es nicht, daß Riesenstöre auch Jagd auf alle bekannten Süßwasserfische machen, einschließlich Karpfen, Hechte und junge Welse. Im Magen eines Hausens fand man gar vollständig verschlungene Robbenbabies, die einfach durch das riesige Maul aufgesaugt worden waren. Störe haben keine Zähne. Die Beute wird meist vollständig geschluckt oder im Maul zerrieben. Der Stör verwendet seine spitze hornförmige Schnauze als Werkzeug, um den Grund zu durchwühlen und so an schmackhafte Schnecken, Würmer oder auch Aale zu gelangen. Das Horn setzt er zuweilen auch als Waffe ein.

Während man im vorigen Jahrhundert nur drei Störarten kannte, zählt man heute über 20 Formen, die sich aber nur unerheblich voneinander unterscheiden, so daß selbst Fischkundler kaum die einzelnen Arten einander zuordnen können. Störe sind eine außerordentlich variable Fischgruppe, in der es nicht selten zu Bastardformen kommt. Diese Mischformen sind vermutlich unfruchtbar, erreichen aber im einzelnen ein normales Größenwachstum. Kleinster Stör ist der Sterlet, dessen max. Länge nur 80 cm beträgt. Ihn findet man sogar noch bei uns in manchen Flüssen und in den Nebenarmen großer Ströme, außerdem hält er sich auch in Seen auf oder kann gezüchtet werden.

Kaviar:

Bereits seit Jahrhunderten ist der Kaviar, russisch Ikra, ein hochgeschätztes und sehr teuer bezahltes Feinschmeckergericht, weshalb Störrogen nicht zu unrecht auch als schwarzes Gold bezeichnet wird. Besonders beliebt sind die Eier des Hausens, auch Beluga genannt. Aus manchem dieser Fische gewinnen die Verarbeitungsbetriebe über 100 kg Kaviar im Wert von mehr als 2 Millionen Schilling. Feinschmecker sind bereit, für den edlen Genuß des puren Kaviars oder der berühmten „plini" mit Kaviar fast jeden Preis zu bezahlen.

Vorrangig kommt Kaviar aus Rußland, wo die Störe in den Flüssen Wolga und Don gefangen werden. Bedeutende Fänge vermelden auch der Iran und Rumänien. Die Jagd auf den Stör, der wegen seiner feinen Eier zum wertvollsten Fisch der Welt wurde, hat die Bestände leider stark dezimiert. Der Hausen kann aber durchaus über 100 Jahre alt werden. Bis zur Geschlechtsreife vergehen immerhin zehn Jahre, erst jetzt produziert der Fisch den teuren Rogen. Doch nicht der Fang allein hat den Stör in unseren Breiten praktisch ausgerottet, sondern die Flußverbauungen, Kraftwerke, Talsperren und die schlechte Wasserqualität, die das ökologische Gleichgewicht unwiederbringlich verändert haben.

Wirtschaftlich spielt der Stör nur noch in den östlichen Ländern eine Rolle. In Rußland, in der Ukraine und im Iran gibt es ganze Fabriken, die sich mit der Verarbeitung von Kaviar und Störfleisch beschäftigen. Während

Kaviar vorzugsweise in Dosen verpackt und auf diese Weise um die ganze Welt verschickt wird, geschieht das mit Störfleisch nur bedingt. In Rußland wird der Stör mitunter eingesalzen, gewürzt, getrocknet oder in gefrorenem Zustand den Verbrauchern angeboten. Getrockneter Störrücken gilt in vielen Teilen der Ukraine und in Rußland als große Delikatesse.

Vom Stör wird so gut wie alles verarbeitet. Aus der großen Schwimmblase wird Fischleim gewonnen. Eine russische Spezialität ist die Verwertung der Rückenseite (Chorda dorsalis), die zur Zubereitung der dort beliebten Fischsuppen und Fischpasten, dem Pirok, benutzt wird. Störe, insbesondere der große Hausen, enthalten ziemlich viel Eingeweidefett, manchmal pro Fisch 20–30 kg. Aus dem gelblichen Fett gewinnt man ein vorzügliches Speiseöl, das unter anderem in der Konservenfabrikation verwendet wird.

Die Knochen – je nach Störgröße 100 kg und mehr – sind als wichtige Zutat für die Zubereitung von speziellen Fischsuppen unerläßlich. Getrocknete und gereinigte Knochen gehen in großer Zahl nach China, wo sie in der dortigen Küche als Aromastoff Verwendung finden.

Zukunft hat der Stör im europäischen Raum nur, wenn es gelingt, seine Wanderwege frei von Barrieren und schmutzigem Wasser zu halten. Einbürgerungs- und

Nur noch vereinzelt findet man den Sterlet in Kärnten. Mit max. einem Meter Länge ist er die kleinste Störart.

Zuchtversuche sind vorerst nur sporadisch von Erfolg gekrönt, weil der natürliche Lebensraum des größten aller Süßwasserfische systematisch zerstört und eingegrenzt wurde. Hemmungsloses Überfischen in den Ostländern hat auch dort seine Population deutlich vermindert, landwirtschaftliche Gifte zerstören seine Brut bereits im Jugendstadium.

In Kärnten kommt dieser Fisch heute nicht mehr vor, allerdings wurde erst kürzlich in der Drau ein Wiederbesatz versucht.

Bitterling, Schneider und Laube, Elritze und Barbe, ein Leben im Schwarm

Der Bitterling gehört zu den bittersten und kleinsten Süßwasserfischen Europas und zu den scheuesten Fischen in Kärnten. Nur 5–6 cm wird er groß, in Ausnahmefällen auch mal 9 cm. Seine Form ist hochrückig und seitlich abgeplattet, er schimmert zwischen bläulich-weiß und grünlich-blau.

Bedingt durch die geringe Größe ist sein Leben geprägt durch ständiges Flüchten vor Freßfeinden. So lebt er unsichtbar in pflanzenreichen Uferzonen stehender und fließender Gewässer mit Schlamm- bzw. Sandgrund. Häufig verbringt er Stunden in Algentürmen, Wasserpestwiesen und vermodertem Untergrund. Seine Nahrung besteht aus winzigen Kleintierchen wie Insektenlarven, Würmern, Kleinkrebsen und Pflanzenstoffen. Zur Laichzeit, die auf die Monate April bis Juni fällt, hat das Männchen eine prächtige Hochzeitsfärbung. Aus dem unscheinbaren Winzling wird eine schwimmende Perle.

Einmalig in der heimischen Süßwasserwelt ist der Laichvorgang, denn für das Ausbrüten der Larven benötigen Bitterlinge eine Maler- oder Teichmuschel. Das Männchen sucht sich eine Partnerin, bei der die Geschlechtspapille „reif", das heißt zu einer langen Legeröhre ausgewachsen ist, um sie zu einer passenden Muschel zu begleiten. Die Teichmuschel besitzt an ihrem Hinterende zwei Öffnungen, eine für das Atemwasser, mit dem auch die Nahrung z. B. Plankton und abgestorbene Mikroorganismen (Detritus genannt) eingesaugt werden und eine zweite, die sogenannte Kloakenöffnung zum Ausscheiden von Kot und verbrauchtem Atemwasser.

Wenn die Muschel ihre Schalen öffnet, führt das Bitterling-Weibchen blitzartig seine rosa Legeröhre in die Kloakenöffnung ein und läßt die Eier hineingleiten, die bis in den Kiemenraum der Muschel gelangen. Fast gleichzeitig postiert sich das Männchen in der Nähe der Atemöffnung und spritzt unmittelbar nach der Eiablage seinen Samen über die Muschel, der mit dem Atemwasser eingesaugt wird. Auf diese Weise werden im Innern der Muschel die Eier befruchtet.

Manche Bitterlingspärchen wiederholen diesen Laichakt mehrmals. Hin und wieder kommt es auch vor, daß das Fischmännchen eine andere Partnerin sucht und mit dieser das Spiel wiederholt. Allerdings immer an derselben Muschel. Doch hat man beobachtet, daß sich nach dem Verlassen eines Paares erneut laichbereite Bitterlinge an dieser Teichmuschel einfinden können. Das wiederum führt mitunter zu unterschiedlichen Entwicklungsstadien der Larven in der Kiemenhöhle der Muschel.

Bitterling-Weibchen können bis zu 100 Eier ablegen. Eine unglaubliche Präzisionsarbeit, denn bei jedem

Der unbekannte Schneider, eine Kleinfischart, die in Kärnten nur noch sporadisch vorkommt.

Bitterlinge suchen Schutz im Kraut, um ihren Freßfeinden zu entkommen.

Die Barbe alias Dschingis Khan lebt vornehmlich von Asseln, Würmern, Schnecken und Wasserinsekten.

Laichvorgang muß die Auswurföffnung der Muschel präzise getroffen werden. Unbekannt ist, wie Männchen und Weibchen die beiden Öffnungen unterscheiden, denn noch nie wurde eine Bitterlingsdame beobachtet, die ihre Eier versehentlich in der Atemöffnung abgelegt hatte.

Von elementarer Bedeutung ist die Identifikation des Bitterling-Männchens mit seiner Muschel. Er verteidigt sie bis auf die Schuppen gegen andere Männchen und

Bitterlinge sind vom Aussterben bedroht, wenn der Bestand an Teichmuscheln zurückgeht.

kann auch erst ein Hochzeitskleid bilden, nachdem er eine passende Muschel als Kinderzimmer ausgewählt hat. Im Aquarium ist beispielsweise gut zu beobachten, daß die prächtige Verfärbung des Kleinfisches verschwindet, wenn man die Muschel entfernt.

In der Muschel selbst klammern sich die ausschlüpfenden Larven mit hornartigen Auswüchsen des Dottersacks an den Kiemenlamellen ihrer Amme fest. Nach Verbrauch der Nahrungsreserven werden die Jungen schwimmfähig. Sie sind nun 10–11 mm lang und verlassen den Kiemenraum. Mit dem ausströmenden Wasser werden sie über die Kloakenöffnung ins Freie geschwemmt.

Noch gibt es den Bitterling in fast allen großen Seen Kärntens, doch gilt er als potentiell vom Aussterben bedroht. Lang ist es her, daß sein Schuppenkleid zur Herstellung von Perlessenz verwendet wurde oder man im Ossiacher See den Bitterling in ganzen Schwärmen fing und an Schweine verfütterte. Denn mit dem Rückgang bestimmter Muscheln werden auch die Bestände des Bitterlings gelichtet, der ohne diese Paarungssymbiose nicht überleben kann. So muß befürchtet werden, daß der Bitterling langfristig allein als Aquarienfisch überlebt, dessen Paarungsspiel und Revierverteidigung zum Studienobjekt der Verhaltensforschung von Amateurbiologen wird.

Als Nahrung für Fischesser hat er nie getaugt, weil sein Fleisch wie der Name besagt bitter schmeckt. Im Freiwasser kann er unter günstigen Bedingungen (sauberes Wasser sowie gute Bestände von Teich- oder notfalls auch von Wandermuscheln vorausgesetzt) bedenkenlos überleben. In den Muscheln sind die Jungen bestens geschützt, Laichraub kennt der Bitterling nicht. Sinkt der Wasserstand, wandern die Muscheln aus eigenem Überlebenstrieb tiefer, so daß Eier und Larven immer bestens mit Frischwasser versorgt sind.

Neben dem einheimischen Bitterling gibt es noch zwei asiatische Arten, die im Amur- und Jangtsebecken Chinas leben.

Schneider, Laube, Strömer und Orfe

Wer kennt ihre Namen, weiß von ihrer Herkunft, hat sie je gesehen? Seit Urzeiten schwimmen Schwarmfische durch Kärntens Gewässer, die weder vom Namen noch vom Aussehen her geläufig sind.

Einer dieser unbekannten Einheimischen ist der Schneider. Nur 9–13 cm wird er lang und lebt gesellig in großen Schwärmen in Bodennähe. Er bevorzugt zwar klare und schnellfließende Gewässer, kommt aber auch in kleinen Seen und Stauräumen der Drau, z. B. in der Rosegger-Schleife, vor.

Obwohl der Schneider seit Menschengedenken in Kärnten lebt, weiß man über ihn so gut wie nichts, außer, daß er über Kiesgrund ablaicht und mögliche Laichräuber durch provozierendes Umherschwimmen vom Laichplatz ablenkt. Dabei riskiert er mitunter sein Leben, denn seine Hauptfeinde, die Salmoniden und Barben, verfolgen ihn gnadenlos, und im Freiwasser lauert der Zander auf ihn.

Schneider haben es nicht leicht. Aufgrund ihrer hohen Ansprüche an die Wasserqualität sind die Bestände stark zurückgegangen. Der kleine, unscheinbare Weißfisch mit der gedrungenen Körperform und den reizvollen rötlichen Schattierungen steht auf der Roten Liste unter Gefährdungsstufe A. 3, was bedeutet, daß er langfristig vom Aussterben bedroht ist.

Verwechselt wird der Schneider vom Unkundigen, zumindest in der Jugendform, häufig mit der Laube. Dieser auch als Ukelei bezeichnete Fisch ist allerdings fast völlig silbrig, wird auch etwas größer als der Schneider und bewohnt im Gegensatz zu diesem viele Seen und Teiche. Selbst erfahrene Taucher und Unterwasserfotografen haben nur selten eine Laube erblickt, denn der flinke Schwarmfisch lebt oft weitab vom Ufer in der Freiwasserzone, wo er Plankton und Anflugnahrung zu sich nimmt.

Lauben gehören zu den wichtigsten Futterfischen der großen Räuber, wie Hecht, Wels und Zander, dem Barsch und der Seeforelle. Ihr Auftreten in Schwärmen hat sie früher für die Gewinnung von Perlessenz aus

Kaum jemand kennt ihn, den selten gewordenen Strömer.

den Schuppen interessant gemacht. Nach überlieferten Berichten können aus 50 kg Lauben etwa 2 kg Fischschuppen gewonnen werden.

Lauben taugen auch zur kulinarischen Verwertung, jedoch weniger als Delikatesse als zur Ergänzung von Gerichten wie Sterz, Polenta und Röstkartoffeln. In einigen Gegenden Kärntens wurden früher zu diesem Zweck die Fische unausgenommen in Salzwasser gegart, getrocknet und für den Winter in Fässer oder andere geeignete Gefäße gefüllt.

Klein, aber intelligent, denn Elritzen meiden die Orte getöteter Artgenossen.

So unscheinbar die Laube ihr Leben fristet, so ungestüm wird sie zur Laichzeit. Zwischen April und Juni suchen die Pärchen flache Uferstellen auf und verursachen dort ein Getöse und Geplätscher, daß man meinen könnte, statt kaum handlangen Schwarmfischen seien meterlange Welse am Werk. Obwohl Lauben aufgrund der großen Population eigentlich immer einen Partner finden müßten, gelüstet es einige immer wieder, fremdzugehen. Sie paaren sich mit Plötzen, Rotfedern und Güstern und setzen dann schwer identifizierbare Nachkommen in die Welt. Eine entfernte Verwandte der echten Laube ist die nur im Wörther See lebende Seelaube, besser bekannt unter den Namen Mairenke oder Grünling, weil sie oft grünlich schimmert. Seelauben können eine Länge von 40 cm erreichen und sind als Speisefische begehrt.

Zu den Unbekannten im Land zählt auch der Strömer, ein wunderschöner Fisch, den selbst Angler kaum kennen. Sein Bestand ist in Kärnten stark rückläufig, nur noch wenige Exemplare leben in der Gail und in der oberen Drau. Der weißbeschuppte Fisch besitzt gelbrote Brustflossen und eine gelbe Seitenlinie. Er wird nur in Ausnahmefällen bis 25 cm lang. Bevorzugte Aufenthaltsorte sind rasch fließende Gewässer mit Kiesgrund und hohem Sauerstoffgehalt. In Seen fühlt er sich nicht wohl. Zum Laichen benötigt er kiesige Stellen, die es in den Großgewässern mit ihren Schilf- und Schlammzonen nicht in genügendem Maße gibt. Vermutlich wird er in Kärnten aussterben, noch bevor wir ihn genauer kennengelernt haben.

Widersprüchliches hört und liest man über den Orfe, auch Aland genannt, einem bis zu 40 cm großen Oberflächenfisch, der sowohl in größeren Fließgewässern als auch in Seen vorkommt. Für Kärnten ist der Aland nicht eindeutig nachgewiesen, doch fanden Taucher sogenannte Goldorfen, eine gelbrote Farbvarietät, die als Zierfisch in Garten- und Parkteichen gehalten wird. Zu vermuten ist, daß Fischliebhaber diese Tiere ausgesetzt haben. Wie und ob sie sich in Kärnten vermehren, bleibt abzuwarten. Orfen sind jedenfalls unglaublich aktive und ausdauernde Schwimmer, die alles von der Oberfläche holen, was treibt und zappelt. Goldorfen ähneln zwar äußerlich den Goldfischen, sind aber nicht mit ihnen verwandt.

Die Elritze

Das eiskalte Wasser hochgelegener Seen ist das Reich der winzigen, nur etwa 10 cm langen Elritzen. Ihr Körper ist spindelförmig, die kleinen Schuppen ihrer Haut kaum sichtbar.

Im großen und ganzen teilen sich die kleinen, quirligen Fische ihren Lebensraum hauptsächlich mit Forellen und Saiblingen. In höhergelegenen Alpenseen (über 2000 m Höhe) sind sie oft die alleinigen Vertreter ihrer geschuppten Zunft. Tagsüber bilden sie in der Uferzone oft Schwärme. Jüngere Elritzen, auch Pfrillen genannt, schwimmen stets getrennt von den ausgewachsenen Artgenossen.

Elritzen erreichen ein Maximalalter von sechs Jahren. Ihr Leben wird stark von feindlichen Einflüssen geprägt. In Salmonidengewässern gehören sie zur Grundnahrung von Saiblingen und Forellen. In den tiefgelegenen Seen und Flüssen machen auch Barsche, Hechte und Aale auf die flinken Gesellen Jagd. Die Quappen stellen ihnen als nachtaktive Bodenfische in der Dunkelheit nach. Elritzen sind äußerst zähe Fische, deren Lebensraum sogar bis in die verschmutzten Talbäche hinabreicht. In Skandinavien leben sie entgegen aller Logik (sie lieben nämlich bevorzugt klare, sauerstoffreiche Fließgewässer) auch im Brackwasser. Darüberhinaus hat man laichende Elritzenschwärme im Salzwasser der Ostsee und in den Schären vor der schwedischen Küste beobachtet. Wissenschaftler rätseln noch, wie die Kieslaicher das Salzwasser ertragen.

In Kärnten findet man sie u. a. im Falkertsee, im Flattnitzer See und in den Gewässern auf der Turracher Höhe. Viele Elritzen gab es früher im Weißensee, doch sind dort nur noch wenige Schwärme anzutreffen. Die Ursache liegt vermutlich im Überangebot an Hechten.

Elritzen werden als Schotterlaicher bezeichnet, weil sie ihren Laich vorzugsweise über Kies abgeben.

Stellenweise stehen diese Räuber im Weißensee wie Soldaten in einer Reihe.

Unter allen Süßwasserfischen gilt die Elritze als vielleicht intelligentester und lernfähigster Vertreter. Die Augen sind Primärsinne, ihnen entgeht im Sichtbereich keine Bewegung. Ihr mathematisch ausgeprägter Instinkt ist bemerkenswert. In Versuchen haben die drehrunden Schnellschwimmer gezeigt, daß sie geometrische Figuren wie Ellipse und Kreis sowie einzelne Buchstaben voneinander unterscheiden können, wenn ein schmackhafter Leckerbissen ihre Lektion beschließt. Selbst einzelne Worte von bis zu vier Buchstaben wurden als Signale erkannt.

Was das Farbempfinden anbelangt, unterscheidet sich die Elritze wenig vom Menschen. Darüber hinaus hat der unscheinbare Fisch die Gabe, auf ultraviolette Strahlen anzusprechen, wobei offen bleibt, was der Nutzen dieser Fähigkeit ist, wird doch UV-Licht unter Wasser bereits in 0,5 m Tiefe zu 50 % absorbiert und in 1 m Tiefe nicht mehr sichtbar.

Auch die physiologische Kombination zwischen Gehör- und Geschmackssinn ist hervorragend ausgeprägt. Elritzen reagieren auch auf Geräusche, orten mit den Augen die Signalquelle und streben gezielt dem Futter zu. Im Aquarium werden Elritzen handzahm, sie lernen schnell einfache Kunststücke und erlauben selbst dem Amateur dankbare Verhaltensstudien. Weil sie gern springen, sollte man das Becken abdecken.

Wer wie die kleinen Elritzen als Fischfutter im wahrsten Sinne des Wortes gilt, muß raffinierte Überlebensstrategien entwickeln, damit die Art erhalten bleibt.

In großen Seen flüchtet die Elritze bei Gefahr meist in tieferes Freiwasser. Fehlt die rettende Tiefe, versteckt sie sich unter Steinen, Wurzelwerk, im Pflanzendickicht oder in den Aushöhlungen der Uferzone. Steht die Elritze ruhig zwischen den Wirteln der Pflanzen, ist sie aufgrund ihrer Färbung perfekt getarnt.

Geht es ums nackte Überleben, stellen sich Elritzen tot, was bei vielen Raubfischen den Beutereflex unterdrückt. Selbst bei bereits verletzten oder gefangenen Tieren ist die Starre noch so ausgeprägt, daß sie der eines tiefgefrorenen Fisches ähnelt.

Normalerweise besteht die Nahrung aus Wassermilben, Krebschen, Zuckmückenlarven und ins Wasser gefallenen Insekten. Darüber hinaus zeigen hungrige Elritzen geradezu akrobatische Fähigkeiten, wenn sie aus dem Wasser springen, um zielsicher Fliegen aus der Luft zu erbeuten. Auch die mit einem Schutzpanzer umhüllte Köcherfliegenlarve hat wenig Aussicht zu überleben, wenn sie von einer Elritze verfolgt wird. Samt Köcher verschwindet sie im Maul. Ihre Lieblingsspeise sind Wasserschnecken, aber auch Algenfäden und nahrhafte Sedimentteilchen rutschen durch den gierigen Schlund. Ist die Not gar groß, vergreift sich die Elritze auch an fremder Fischbrut, vornehmlich Forelleneier schmecken ihr.

Erst gegen Ende des dritten Lebensjahres werden Elritzen laichreif. Der langgestreckte braungrüne, mit bläulich schwarzen Streifen und Punkten übersäte Körper bekommt nun eine gelbe Seitenlinie. Die Weibchen werden an der Unterseite dunkel, während die Männchen am Bauch und an der Kehle in dunklem Rot leuchten. In dieser Phase zählt die Elritze zu den schönsten Fischen in Kärnten.

Ein Laichausschlag verhindert das Abgleiten der glitschigen Fischleiber bei den Hochzeitsspielen und der Kopulation. In dieser Zeit wachsen den Elritzen am Kopf kleine weiße Kegelchen, Stirndorne genannt, die sie aber nach der Laichzeit wieder verlieren.

Abgelaicht wird immer im Seichtwasser, wohin die Elritzen in Schwärmen ziehen. Während der Paarung lassen sich die Fische so wenig stören, daß man sie eimerweise aus dem See fischen kann. Diesen Umstand machen sich manche Fischer örtlich noch heute zunutze. Pro Weibchen werden ca. 1200 Eier abgelegt. Eine Brutpflege findet nicht statt. Der Zusammenhalt im Schwarm sowie das Finden der Partner geschieht durch Ausscheiden eines speziellen Hautsekrets, auch Artenduft genannt, das in der Haut gebildet wird.

Erwähnenswert ist noch das Vorkommen der Sumpfelritze in Kärnten. Sie lebt in den Moortümpeln bei Himmelberg. Wie sie dorthin gelangt ist, ist nicht geklärt, kommt sie doch sonst nur in Rußland und auch in Polen vor.

Die Barbe

Nach der Barbe ist eine ganze Gewässerregion benannt. Ihren Mongolenbart zieren vier dünne, lange Fäden, sie gilt als wackerer Kämpfer und Spezialist für extreme Flußströmungen. Barben sind die ungekrönten Herrscher im reißenden Strom.

Charakteristisches Kennzeichen der Barbe ist ihre rüsselartig verlängerte Schnauze und die Bartfäden am Rande der Oberlippe. Durchschnittlich wird die Barbe nur ca. 50 cm groß, bei üppiger Nahrung kann sie aber gute 90 cm lang und fast 9 kg schwer werden. In Rußland lebt eine Barbenart im Dnjepr, die es sogar auf 16 kg Lebendgewicht bringt.

Barben waren in Kärnten schon immer heimisch, doch wird ihr Lebensraum zunehmend durch den Aufstau der Fließgewässer eingeschränkt. Das ist vermutlich ein Grund, weshalb die in früheren Zeiten häufig gefangenen Hundsbarben und die in den Thermen des Warmbades Villach beheimatete Tiberbarbe als praktisch ausgestorben gelten. Was bedauerlich ist, da zumindest die Hundsbarbe von Wissenschaftlern als ein Relikt aus der Wärmeperiode vor der letzten Eiszeit angesehen wird.

Die Barbe ist ein geselliger Grundfisch, der Strömungen und reißende Wirbel geradezu liebt. Mit ihrem stromlinienförmigen Körper wird sie auf den Boden gedrückt und lebt selbst dort, wo sogar Forellen wegen des unruhigen Wassers ernste Probleme bekommen. Kopf- und Körperform sind geradezu geschaffen für das Leben in den Strudeln und Strömungen der Wildbäche. So ist nach diesem Fisch die Barbenregion benannt, ein Lebensraum, der geprägt wird durch kiesigen und sandigen Untergrund, dichte Pflanzenbestände am Ufer und reichlichen Sauerstoff. Starke Temperaturschwankungen von etwa 10°C bis 21°C stören die Barben wenig, ähnlich ihren Nachbarn, den Forellen, Saiblingen und Huchen, aber auch den Hechten, Zandern und den seltenen Nasen.

Beobachtet man Barben, wie sie in Kies und Schlamm nach Nahrung wühlen, glaubt man Müllmänner vor sich zu sehen. Ganze Wolken von Sedimenten stoßen sie aus den Kiemen, filtern den Mulm nach allem Eßbaren durch, verschonen keinen Wurm, keine Fliegen- und Libellenlarve, fressen Kugelmuscheln, Schwimmkäfer und Fischlaich. Gelegentlich verschmähen sie auch Pflanzenkost nicht. Größere Barben erbeuten sogar kleine Fische. Diese werden allerdings nicht wie bei den anderen Räubern erst quer gepackt und dann gedreht, sondern im ganzen mit dem Kopf voran verschluckt. Das geht meist so schnell, daß man diesen Vorgang kaum mit den Augen verfolgen kann.

Lieblingsplatz der Barben sind Brückenpfeiler und Wehrabflüsse. Wohl fühlen sie sich auch, man glaubt es kaum, an Einleitungen, wo Fleisch-, Fisch- und Blutabfälle ins Wasser gelangen, so in der Nähe von Schlachthöfen.

Im Winter sammeln sich ganze Barbenschwärme in ruhigen Buchten, unter Buhnen und in den Altwassern der großen Ströme, so in den Drauschleifen, um dort ihre Winterruhe zu halten. Die Nahrungsaufnahme wird vermutlich nicht vollständig eingestellt, doch erheblich reduziert.

Laichzeit sind die Monate Mai, Juni, Juli. Die männlichen Tiere bekommen einen starken Laichausschlag in Form von weißen, perlartigen Hautknötchen an Kopf und Rücken. Eigenartiges geschieht nun. Die laichreifen Barben streben gemeinsam in ihren üblichen Schwärmen fluß- oder bachaufwärts, drängen sich an flachen und kiesigen Stellen zusammen, um dann gemeinsam in einer Art Gruppenkopulation abzulaichen. Wer wen befruchtet, bleibt unklar, denn einzelne Paare gibt es dem Anschein nach nicht. Milch und Rogen vermischt sich zu einer Laichsuppe. Pro Weibchen werden immerhin rund 5000 Eier, manchmal bis 9000 abgegeben, so daß die Kopulationslokalitäten im Anschluß mit Barbennachwuchs übersät sind.

Hüten muß man sich vor dem Genuß des Laichs (Kaviarersatz!) der Barben. Er ist giftig und verursacht Durchfall, Erbrechen und Schwindelgefühle. Wer Barben während der Laichzeit fängt, darf ebenfalls kein Bauchfleisch essen. Ähnliche Symptome wie beim Laichgenuß wären die Folge. Ungeklärt ist, ob Laichräuber wie

Barben unternehmen kilometerweite Wanderungen in Flüssen und Bächen.

Quappen und andere Fische den Barbenlaich verschmähen, weil er ihnen vielleicht Verdauungsprobleme bereiten könnte.

Die geringe wirtschaftliche Bedeutung der Barbe ist in erster Linie auf ihr zwar wohlschmeckendes, aber äußerst grätenreiches Fleisch zurückzuführen.

Die Unsichtbaren, Schmerle, Quappe und Zingel

Schmerlen hausen nahezu unsichtbar zwischen Steinen und Schotter. Kaum jemand kennt sie dem Namen nach, nur wenige haben sie in freier Wildbahn je gesehen. Deshalb wissen auch die wenigsten, daß diese Tiere in Kärnten vom Aussterben bedroht sind.

Die gemeine Schmerle, auch Bartgrundel genannt, besitzt sechs Bartfäden auf dem Oberkiefer. Nur 8–12 cm beträgt ihre mittlere Länge, weshalb man sie in ihren Lebensräumen wie der unteren Drau oder der Lavant nur sehr schwer aufspüren kann. Tagsüber liegt die Schmerle verborgen in einem Schlupfwinkel, wird nachts aber sehr lebhaft und streift auf der Suche nach Beute, wie Insektenlarven, Kleinkrebsen oder Laich weit umher. Vorzugsweise bewohnt die Bartgrundel klare, saubere und ruhig dahinfließende Flachlandgewässer mit flachen Kiesstellen. In Seen kommt sie im Uferbereich auf Schotter oder feinem Sand vor.

Einfach haben es Schmerlen nicht. Sie fallen häufig Raubfischen zum Opfer, rächen sich aber wiederum an ihren Jägern durch exzessiven Laichraub. Angler benutzen die Schmerle als Köderfisch für Hechte, Zander und Barsche. Schmerlen gehörten früher zum kulinarischen Höhepunkt vieler Fischessen. Selbst Goethe erwähnte in einem Brief den Genuß dieses unscheinbaren Bodenfisches. Das zarte und wohlschmeckende Fleisch wurde meist gebacken gereicht, und es gab sogar eigene Schmerlenzuchten.

Mit der echten Schmerle eng verwandt ist der Steinbeißer. Er besitzt ebenfalls sechs Bartfäden, hat aber zusätzlich unter dem Auge einen beweglichen Dorn, weshalb er auch als Dorngrundel bezeichnet wird. Steinbeißer werden nur 5–10 cm lang und graben sich am Tage so in den Schlamm ein, daß nur noch der Kopf herausschaut. Aufgrund seiner Größe frißt der Steinbeißer ausschließlich Kleintiere und tierisches Plankton. Laichzeit ist von April bis Juni. In Europa gibt es neben dem echten Steinbeißer noch fünf weitere Unterarten, die jedoch für Kärnten nicht nachgewiesen sind – was aber nicht heißen muß, daß es sie hier nicht gibt.

Steinbeißer leben so versteckt und unsichtbar, daß man nicht mit letzter Sicherheit sagen kann, wo ihr Vorkommen denn nun wirklich gesichert ist. Wegen ihres hohen Anspruchs an die Wasserqualität scheint es für die Dorngrundel immer schwerer zu werden, in der heutigen Zeit ein Refugium zu finden. Ob sie noch im Ossiacher See lebt, ist nicht sicher, aber in der unteren Lavant und im Reifnitzbach gibt es noch Bestände. Im großen und ganzen werden die Überlebenschancen des Steinbeißers in Kärnten selbst von Optimisten nur als gering angesehen.

Zählebiger ist da in jedem Fall der Schlammpeitzger, eine Grundelart mit zehn Bartfäden, die aus der Nähe wie ein mongolischer Strauchdieb aussieht. Er lebt in flachen, stehenden Schlamm- und Moorgewässern mit schlechter Wasserqualität. Seine Überlebenstechnik ist schlicht phänomenal. Neben der normalen Kiementätigkeit besitzt er zusätzlich die Fähigkeit zur Darmatmung. Wird der Sauerstoffmangel infolge sinkender Wasserschicht oder einfließender Verschmutzung zu groß für seine Kiemenatmung, schwimmt er zur Oberfläche und schluckt dort Luft. Diese wandert durch den Darmkanal und verläßt den Körper über die Afteröffnung. Auf ihrem Weg dahin findet in den feinen Blutgefäßen der stark gefalteten und dünnen Schleimhaut des Darmes ein Gasaustausch statt. Etwa die Hälfte des Sauerstoffs der geschluckten Luft wird vom Blut aufgenommen und als Kohlendioxyd wieder abgegeben. Auf diese Weise kann der Schlammpeitzger noch da leben, wo andere Fische wegen Sauerstoffmangel längst zugrunde gegangen sind.

Wird es Winter oder trocknet das Gewässer aus, gräbt sich der scheue kleine Fisch bis über 0,5 m in den Schlamm ein und verringert seine Lebensfunktion auf ein Minimum. In diesem Zustand kann er mehr als ein Jahr lang ausharren, bis es wieder regnet und der Wasserspiegel zu steigen beginnt.

Schlammpeitzger werden auch als Wetterfische bezeichnet, weil sie vor einem Gewitter lebhaft werden und zur Oberfläche aufsteigen. In der Laichzeit (April-Juni) legt das Weibchen bis zu 150.000 Eier an Wasserpflanzen und Wurzelwerk ab. Und mit noch einer Besonderheit kann dieser Fisch aufwarten: Die ausschlüpfenden Larven besitzen – unter den Süßwasserfischen einzigartig – fadenartige, äußere Kiemen, was sie ebenfalls dazu befähigt, in sauerstoffarmer Umgebung zu überleben.

Die Quappe

Quappen, auch Aalrutten oder Trüschen genannt, leben als einzige Dorschfischart im Süßwasser. Der Körper ist walzenförmig und hinten seitlich abgeplattet. Auffälligstes Merkmal ist ein einzelner Bartfaden am Unterkiefer und einige kleinere Barteln an den Nasenöffnungen.

Die Schuppen sind extrem klein, die Oberfläche marmoriert. Als Bodenfisch liegt die Quappe tagsüber träge am Grund stehender oder langsam fließender Gewässer. In der Nacht aber verläßt sie ihr Bodenversteck und geht auf die Jagd.

Der dunkelbraune, gefleckte Süßwasserdorsch gilt als einer der erbarmungslosesten Laich- und Braträuber. Insbesondere die Eier der Salmoniden, der Saiblinge und Forellen, haben es ihm angetan. Zu seinen Lieblingsmahlzeiten zählen ferner Krebse, kleine Barsche, Gründlinge, Groppen und Weißfische.

Geradezu unheimlich ist seine Lebensweise. Während andere Fische das Licht der Oberfläche suchen und selten tiefer als 20 – 30 m stehen, kann es der Quappe nicht tief genug sein. Erwachsene Tiere tauchen oft über 100 m hinab (wenn es der See zuläßt!), um dort unten den Tag zu verbringen.

Das Höchstalter der Quappen liegt bei etwa 20 Jahren. Dann wiegen sie fast 3 kg und sind gut 1 m lang. Ausgerechnet in der kalten Jahreszeit, wo alles ruht und viele Fische ihren Winterschlaf halten, entwickelt die Quappe ihren größten Appetit. Im Sommer dagegen wird die Nahrungsaufnahme erheblich reduziert, manchmal sogar ganz eingestellt. Fischer nennen den „Winteresser" auch „Wegelagerer der Tiefe" oder „Unhold der kalten Jahreszeit", weil er seine Beute entweder nächtens oder im tiefen Winterschlaf überfällt.

Daß Quappen im Winter so aktiv sind, hängt ursächlich auch mit der Paarungszeit zusammen, die in die Zeit von November bis März fällt. Die laichbereiten Tiere versammeln sich dann zum Hochzeitstanz. In wilden Schleifen und Spiralen schwimmen sie grüppchenweise durcheinander. Nichts ist mehr von Tagesträgheit und Verschlafenheit zu spüren. Alle Quappen haben nun ihre Schlupfwinkel verlassen, einige streben auch in die Oberschichten des Freiwassers. Abgelaicht wird bei älteren Tieren in der Tiefe, oft so tief, daß kein anderer Fisch die Eier findet, da der Laich zusätzlich in Gruben versteckt wird. Jüngere Tiere zieht es eher flußaufwärts in flache Stellen oder im See in den Uferbereich.

Schmerlen kommen ausschließlich in der Nacht aus ihrem Versteck.

Unvorstellbar groß ist die Zahl der Eier pro Weibchen. Bis zu einer Million Stück können pro Laichvorgang abgegeben werden. Die Eier enthalten eine kleine Ölkugel, die ungefähr 40 % des Eidurchmessers ausmacht, mit deren Hilfe sie im Wasser schweben. Je nach Wassertemperatur dauert der Brutvorgang 1–2 Monate. Die nur 3 mm langen Larven liegen pelagisch, also im Freiwasser treibend, dicht unter der Oberfläche, wo sie sich von Plankton ernähren.

Es ist eine gefahrvolle Zeit, denn die meisten der Millionen treibender Quappenbälle werden nun Opfer anderer Jäger. Bei einer Länge von etwa 7 cm streben sie dem Flachwasser zu. Dort bilden sie Schwärme, suchen aber fast immer nur paarweise die Uferzone auf.

es um den Fortbestand in Kärnten aus. Quappen sind stark gefährdet und stehen in der Roten Liste weit oben. Die Ursachen sind zwar vielschichtig, eine große Rolle spielt aber die Errichtung von Staukraftwerken, welche die Laichwanderung der Fische unterbrechen. Außerdem wurden die Quappen als potentielle Laichräuber von Anglern gnadenlos bekämpft.

Die Aalrutten gelten als vorzügliche Speisefische, denn ihr Fleisch ist grätenlos, weiß und sehr schmackhaft. Besonders die jodhaltige Leber gilt als Delikatesse. Früher wurde Quappenleber gegen Schilddrüsenerkrankungen bei Jodmangel verschrieben. Aber Vorsicht beim Genuß! Bei unfachmännischer Zubereitung besteht Bandwurmgefahr.

Aalrutten besitzen außergewöhnlich scharfe und lichtempfindliche Augen. Sie ist die einzige Dorschart im Süßwasser.

Mit knapp 10 cm Länge haben sie bereits Farbe und Körperform der erwachsenen Tiere angenommen. Geschlechtsreif werden die Jungquappen zwischen dem dritten und vierten Lebensjahr.

Quappen gelten als sehr zäh. Außerhalb des Wassers kann man sie in einem nassen Tuch stundenlang lebend transportieren. Ihr Fang ist allerdings nicht einfach. Fischer stellen ihnen mit Netzen und Reusen nach, an die Angelschnur gehen die Jäger der Tiefe recht selten und wenn, dann nur nachts. Schlecht sieht

Der Zingel und Streber

Im Frühjahr 1995 wurde von Mitarbeitern des Kärntner Seeninstitutes bei Bestandsaufnahmen in der unteren Drau und in der Lavant der Zingel gefangen. Eine äußerst seltene und vom Aussterben bedrohte Fischart, die ausschließlich noch dort vorkommt.

Zingel sind spindelförmige Bodenfische, mit stacheliger Rückenflosse und unterständigem Maul. Sie zählen, obwohl sie äußerlich eher den Aalrutten ähneln, zu den barschartigen Fischen. Ihre Schwimmblase ist rückentwickelt, weshalb der Zingel zwar ruckartig unorthodox, aber äußerst flink schwimmt.

In Europa bewohnt der Zingel ausschließlich den Donauraum. Vermutlich sind Einzelexemplare über die Drau bis in die Lavant gelangt, wo sie sich nach Einschätzungen der Fischwissenschaftler vom Seenforschungsinstitut erfolgreich etabliert haben. Vermutet wird sogar, daß es den Zingel in Kärnten schon Jahrzehnte gibt, jedoch er blieb selbst für Experten unsichtbar. Als Angelfisch ist er zu unbedeutend, als Speisefisch, obwohl wohlschmeckend, ohne wirtschaftliche Bedeutung. Die Lebensweise des Zingel ist so gut wie unerforscht. Der rätselhafte Fisch versteckt sich tags-

um Treibnahrung aufzunehmen. Ansonsten ernährt sich der Zingel von kleinen Krebschen, wirbellosen Kleintieren, Fischlaich, Brut und Wasserinsekten. Große Exemplare machen indes auch Jagd auf Kleinfische. Als Besonderheit kann der Zingel seinen Kopf nach den Seiten hin und die Augen unabhängig voneinander bewegen. Wozu diese circensische Leistung dient, ist noch unerforscht, denn der Fisch geht nur bei Nacht auf Nahrungssuche und Feinde hat er am Tag wenig zu fürchten, weil er fast immer unbeweglich im Kiesbett oder auf Steinen ruht.

Abgelaicht wird zwischen März und April, wobei die klebrigen Eier am steinigen Ufergrund abgelegt werden. Die Brutpflege wurde nie beobachtet.

Erst 1995 wurde der Zingel in Kärnten nachgewiesen.

Eine Rarität, der geheimnisvolle Streber.

über zwischen Steinen und in kleinen Höhlen, so daß er nahezu unauffindbar bleibt. Hinzu kommt, daß er bevorzugt die tiefsten Stellen der Gewässer aufsucht und sich mit seiner verwaschenen Farbe im Kiesbett eines Flusses oder Baches unsichtbar machen kann. Auch als erfahrener Taucher oder Unterwasser-Fotograf hat man Mühe, diesen Tarnkünstler zu entdecken. Ältere Zingel – sie können in Ausnahmefällen immerhin 50 Zentimeter lang werden – gelten als reine Tiefenfische, die nur bei Nacht den Weg an die Oberfläche finden,

Bei der Bestandsaufnahme 1995 wurde auch der Streber gefangen, ein Verwandter des Zingel, der letztmalig in den 80er Jahren nachgewiesen wurde. Der Streber ist in Kärnten so selten, daß selbst im Buch „Die Fische Kärntens" nur eine Zeichnung von ihm existiert. Er lebt noch vereinzelt in der Lavant und in der Drau unterhalb von Lavamünd. Wie vom unbekannten Zingel existieren auch vom Streber nur vage Lebensbeschreibungen. So soll es ihn ebenfalls sonst nur im Donauraum geben, doch dringt er auf seinen

Das Vorkommen von Brunnenmoos deutet auf unterirdische Quellaustritte hin.

Laichwanderungen in die Nebenflüsse und Mühlenbäche vor.

Wo es tief und strömungsreich ist, hält sich der Streber gerne auf, allerdings haben nur wenige ihn je gesehen. Als reiner Grundfisch bewegt er sich von seinen Lieblingsstandorten nur, wenn er auf der Flucht ist oder bei Nacht, wo er auf Nahrungssuche geht. Im Grunde ist der Streber eine vom Aussterben bedrohte endemische Barschart der Donau, die, wie auch der Zingel, in Kärnten ein letztes Habitat gefunden hat.

Aitel, Brachse und Karausche, die Überlebenskünstler

Unter Fischen finden sich friedliche Pflanzenfresser, Kannibalen, Jäger und Lauerräuber. Völlig aus der Art schlagen der Aitel und die Karausche, Lebewesen, deren anpassungsfähige Ernährungsweise nur noch mit der des Schweines verglichen werden kann.

Aitel, auch Döbel genannt, haben sich mit Ausnahme der hochgelegenen Forellenregion in allen Kärntner Gewässern durchsetzen können. Ob Fluß, Bach oder See, der drehrund geformte Fisch mit den großen Schuppen und den zartroten Brust- und Bauchflossen bevölkert alle Gewässer Kärntens. Besteht für viele Wasserbewohner eine Gefährdung oder steht gar der Eintrag in die Rote Liste bevor, so gilt das für den Aitel in keiner Weise: Er frißt, was ihm gerade vors Maul kommt, Lebendes und Totes, und überlebt in ungünstigsten Bedingungen.

In der Jugend leben Aitel gesellig in kleinen Schwärmen und ernähren sich wie viele andere Weißfische vorwiegend von Kleinlebewesen, wie Würmern, Asseln, Insektenlarven, Kleinkrebsen und Anflugnahrung. Auch Pflanzenkost wird nicht verschmäht. Dann, mit zunehmender Größe und zunehmendem Alter, man weiß nicht, warum, verändert sich die Lebensweise des Aitels. Der Kopf wird massiger – man nennt ihn deshalb auch Dickkopf –, sein Speisezettel länger. Verstärkt macht er jetzt Jagd auf die eigene Brut, stellt Fröschen und Molchen nach, fängt sogar Mäuse und junge Wasserratten, verschmäht, wie man hört, auch ein frisch geschlüpftes Entenküken nicht. Aber das ist noch nicht alles.

Hunger und Gier machen den Vielfraß zeitweise zum Vegetarier, der ins Wasser gefallene Kirschen, Pflaumen und Mirabellen schluckt, nach treibenden Haselnüssen schnappt und an Bananenschalen knabbert. Angler haben ihre liebe Not mit dem gewitzten und äußerst mißtrauischen Sonderling, der im Alter immer mehr zum Einzelgänger wird. Mit einfallsreichen Ködern, mit Himbeeren, Heuschrecken, Erbsen, Käse, Wurst und Schinken, Gummibärchen, blutiger Leber oder Kochwürstchen versuchen sie den Aitel an die Angel zu locken.

Trotz seiner Freßgier geht der Aitel aber noch seltener an den Haken als die scheuen und schwierig zu fangenden Karpfen. Der Grund liegt in seinem Wahrnehmungsvermögen. Er spürt jeden Schritt in der Uferregion, beobachtet die Angler durch die Wasseroberfläche hindurch und taucht ab, sobald die Rute geschwungen wird. Spezialisten wissen, weshalb sie sich hinter Felsen und Büschen verstecken müssen und weder husten noch niesen dürfen. Erfolg verspricht in vielen Fällen das Anfüttern. Im Mai lockt man die Aitel mit getrockneten Maikäfern an die Oberfläche. Wenn im Winter fast alle Fische im See ruhen, bevorzugt er allerdings fetthaltiges Futter wie Weichkäse, Frühstücksfleisch, Mettwurst und Grieben (Grammeln).

Wer tagsüber kein Glück hat, kann Aitel auch in der Nacht fangen, da die nimmersatten Überlebenskünstler immer Appetit haben.

Ihre Ähnlichkeit mit Wildkarpfen hat dazu geführt, daß sie in früheren Zeiten auf dem Klagenfurter Fischmarkt von unkundigen Käufern oftmals überzahlt wurden. Spätestens auf dem Teller müssen sich den übertölpelten Kunden dann die Augen geöffnet haben, denn der grätenreiche Aitel ist eine kulinarische Enttäuschung. Professionelle Köche faschieren das Fleisch und servieren es als gebackene Fischlaibchen. Trotzdem, ein Edelfisch ist der grätige Allesfresser sicher nicht.

In Kärntens großen Seen – Wörther See, Ossiacher See und Millstätter See – erreichen Aitel die stattliche Länge von 50 cm. Manchmal stehen sie in Gruppen beisammen, wobei es den Anschein hat, als ob sie einem Anführer folgten. Für große Hechte und Waller bedeuten die Aitelschwärme wichtige Nahrungsreserven. Aitel unterstehen keinerlei Schutzmaßnahmen, wie der Einhaltung einer Schonzeit oder bestimmter Mindestgröße – eine erfreuliche Ausnahme in unseren Gewässern –, die Bestände sind so gut wie nie zuvor.

Die Brachse

Bei kaum einem Süßwasserfisch ist das Verhältnis von Körperlänge und Körperhöhe extremer. Brachsen sind außergewöhnlich hochrückig und werden deshalb als die Wühlmäuse im See bezeichnet. Nach ihnen ist ein besonderer Lebensraum, die „Brachsenregion" benannt. Extrem klares und kaltes Wasser meidet die Brachse, wohl fühlt sie sich hingegen in gleichmäßig trüben, nicht allzu tiefen Seen und Stauräumen. Eines ihrer Lieblingsgewässer ist der Ossiacher See mit seinen ausgedehnten Schlammflächen. Auch im Wörther See und Längsee sind die Bedingungen für den scheuen Fisch hervorragend, was durch Fänge von besonders großen Exemplaren unterstrichen wird. Gute Bestände verzeichnen auch die Stauräume der Drau.

Brachsen können zu beeindruckender Größe heranwachsen: 75 cm lang und 7 kg schwer. Unter Kennern gilt die Brachse zwar als sehr schmackhaft, die Zubereitung wird aber aufgrund des Grätenreichtums sehr erschwert.

Bei der Nahrungssuche gehen Brachsen weder mit sich noch mit ihrem Umfeld zimperlich um. Fast senkrecht stehen sie über dem Boden, stülpen ihr Maul rüsselartig vor und wühlen auf diese Weise den Untergrund durch. Gibt der Schlamm viel Nahrung her, stoßen sie bis über die Kiemen hinein und hinterlassen kleine Gruben, sogenannte Brachsenlöcher. Daß sie auch im Dickicht von Pflanzen, Wurzeln und Astwerk zur Sache gehen, belegen die zerkratzten und zerschrammten Körper vieler Brachsen. Häufig fehlen Schuppen, Flossen stehen ausgefranst vom Körper weg, unterhalb des Maules ist die Haut oft abgeschürft und mit Narben bedeckt.

Ihre Beute sind Kleintiere, wie Schnecken, Mückenlarven, Wasserkäfer, Würmer und Muscheln. Mit Pflanzenkost geben sie sich nur im Notfall zufrieden, denn auf längere Zeit hemmt diese Ernährung ihr Wachstum. Wie viele Fische neigt auch die Brachse zur Verbuttung, das heißt, es entstehen Kümmerformen, wenn zu viele ihrer Art in einem Gewässer leben und sich gegenseitig den Lebensraum streitig machen. Grundsätzlich gilt, daß Brachsen in stehenden Gewässern größer und schwerer werden als in Flüssen.

Abgelaicht wird zwischen Mai und Juli. Dabei lassen die Brachsen alle Vorsicht außer acht, unter lautem Geplätscher streben die laichbereiten Tiere in kleinen Scharen ins Flachwasser, wo sie Uferstellen mit dichtem Pflanzenbewuchs aufsuchen. Jedes Männchen nimmt dabei ein kleines Laichrevier in Besitz, das gegen andere Rivalen verteidigt wird. Die Eiablage erfolgt stets in der Nacht, mitunter spritzt dabei das Wasser durch die schlagenden Schwanzflossen in alle Richtungen. Fast 340.000 Eier kann ein großes Brachsenweibchen ablegen. Anfangs haftet der klebrige Laich an Pflanzen, je nach Wassertemperatur entwickeln sich die Larven in ca. 14 Tagen. Ein kleiner Dottersack dient ihnen als Nahrung. Ist dieser aufgebraucht, sammeln sich die Jungfische im Flachwasser und beginnen sich von tierischem Plankton zu ernähren. Erst bei einer Länge von 3 cm wachsen die Schuppen, und der Fisch nimmt die typische Brachsenform an. Wanderformen der Brachse, die es in Kärnten allerdings nicht gibt, streben den Flußmündungen zu. Die in heimischen Gewässern lebenden stationären Formen bleiben ihr ganzes Leben in den Seen und Flußnebenarmen, in denen sie geboren wurden.

Brachsen gelten als unempfindlich, können deshalb lebend versandt werden. Mit nur wenig Wasser im Eimer hält es eine Brachse oft stundenlang aus.

Ihre Vorliebe für Paarungen mit anderen Fischarten lassen in vielen Gewässern Blendlinge entstehen. Häufig paart sich die Brachse mit dem Güster, aber auch Rot-

nes Äußeren genannt wird, in Laune, darf man sogar mit ihm spielen. Im Wörther See begegneten wir einem Exemplar, das uns minutenlang umschwamm und unsere Nähe suchte. Es ließ sich filmen und fotografieren, auch eine kleine Streicheleinheit schien ihm zu gefallen. Dann zog der mächtige Fisch urplötzlich in die Weite des Sees, wohin wir ihm nicht folgen konnten.

Die Karausche

Allein erfahrene Angler und Taucher können die Karausche von den gewöhnlichen Weißfischen unterscheiden. Kulinarisch hat sie, da äußerst grätenreich,

Döbel sind Allesfresser, sogar Obst steht auf ihrem Speisezettel.

augen und Rotfedern werden als Ehepartner auf Zeit akzeptiert. Die Bastardformen sind nicht immer fortpflanzungsfähig und verwirren beim Fang so manch unkundigen Angler. Fachleute glauben, daß Brachsen 25 Jahre alt werden können. Kennt man die Stellen, wo der Brachsenschwarm steht, kann man ihn durch Anfüttern locken. Häufig stehen ältere Tiere tagsüber tiefer als junge. Wir konnten aber auch ausgewachsene Exemplare bei mittäglicher Sonne im Flachwasser beobachten. Ist der „Messerrückenfisch", wie er wegen sei-

wenig zu bieten, doch wenn es um das strategische Überleben geht, übertrifft sie alle. Wer ist dieser unbekannte Sonderling?

Im Aussehen leicht karpfenähnlich, wird die Karausche auch Moor- oder Bauernkarpfen genannt. Grundsätzlich kann sie nahezu in jedem Gewässer heimisch werden, meidet aber möglichst extrem kalte Seen und schnellfließende Bäche. Ihr Lieblingsrefugium sind kleine, verkrautete Teiche und Tümpel von oft erstaunlich schlechter Wasserqualität.

Als eine der zählebigsten und anpassungsfähigsten Fischarten gedeiht sie in Gewässern, deren Sauerstoffgehalt weniger als ein Zehntel dessen beträgt, bei dem eine Forelle zugrunde gehen würde. Selbst bei Wassertemperaturen von über 25°C schwimmt sie noch putzmunter umher.

Erzählt wird von einem stolzen Exemplar, das dem Zeichner eines Fischbuches in einer flachen Wasserschüssel Modell stehen mußte. Nach 14 Stunden in kaum bodenbedecktem Wasser, schwamm sie, in den Teich zurückgebracht, ruhig davon, als ob nichts geschehen wäre.

Ein Fischer berichtet, daß er einmal Karauschen in einem Wassereimer im Kofferraum seines Autos lebend

bedeutend weniger Energie beim Schwimmen und ist mit geringerer Nahrung zufrieden, wird aber auch nicht sehr groß.

Gerät die Karausche in ein gutes Gewässer, wächst sie bis auf fast 50 cm an und bringt dann satte 3 kg auf die Waage. Ihr Aussehen ähnelt nun stark dem eines Karpfens, hochrückig und massig bezeichnet man sie dann als Seekarausche.

Müssen Karauschen in Seen leben, wo es viele Hechte gibt, entwickeln sie besondere Muskelpakete auf dem Rücken, die den Körper bei einem Angriff deutlich schmaler, höher und härter machen können. Ein zupackender Hecht riskiert dann eine Maulsperre und läßt dieses erschreckend unförmige Opfer entkommen.

Die grätenreiche Karausche gilt nicht unbedingt als Delikatesse.

nach Haus bringen wollte. Während der Fahrt sprangen sie über den Rand des Eimers und lagen mehr als eine Stunde trocken auf dem Boden. Wieder in den Eimer gelegt, erholten sie sich bereits nach kurzer Zeit.

Je nach Umgebung, Wasserqualität oder Anzahl ihrer Freßfeinde, legt sich die Karausche ein eigenes Aussehen zu. Bietet das Gewässer wenig Nahrung und schlechte Lebensbedingungen, verkümmert sie zur sogenannten Teich- oder Steinkarausche. Diese benötigt

Die durchtrainierten Tellerkarauschen gehören zu den extremsten Typen dieser Fischart.

Gelangen Karauschen in Karpfengewässer, ist das für den Züchter nicht immer eine Freude, denn der unverwüstliche Eindringling kreuzt sich mit den Edelfischen und bildet Bastardpopulationen, sogenannte Karpfkarauschen, von kleinem Wuchs und enttäuschendem Geschmack. Außerdem übertragen die widerstandsfähigen Karauschen Parasiten, die dem viel empfindlicheren echten Karpfen lebensgefährlich werden können.

Karauschen gehören zu den zählebigsten Fischen im Süßwasser.

Im Winter gräbt sich die Karausche im Boden ein und hält eine Art Winterschlaf. Trocknet ihr Wohngewässer, beispielsweise die Flachbereiche der unteren Drau, aus, verkriecht sie sich im Schlamm, läßt sich dort wie in einem Kuchen einbacken und kommt erst wieder zum Vorschein, wenn Regen und Schneefall den Untergrund aufgeweicht haben.

Wer Karauschen lebend transportiert, muß sich wenig sorgen. Eingewickelt in eine nasse Zeitung, in feuchte Blätter oder in Schnee können sie stundenlang überleben.

Eine besondere Technik der Arterhaltung hat die Silberkarausche entwickelt, eine enge Verwandte der echten Karausche. Sie ist in der Lage, sich sogar durch unbefruchtete Eizellen fortzupflanzen.

Befinden sich in einem Gewässer nur weibliche Bestände, mischt sich die Silberkarausche unter artverwandte Fischarten, so unter die Karpfen, und läßt sich dort begatten. Da aber keine eigentliche Befruchtung stattfindet, stimulieren die Spermakerne der anderen Fische nur die Zellteilung, durch die aber eine weitere Eientwicklung eingeleitet wird. Allerdings entstehen aus den unbefruchteten Eiern wiederum nur weibliche Silberkarauschen. Diese unter den heimischen Fischen einzigartige Notfortpflanzung nennt man Gynogenese. Auf diese Weise kann ein einziges Weibchen den Bestand in einem Gewässer sicherstellen und ihrer Art zum Überleben verhelfen.

Die Karausche kommt in Kärnten in vielen Seen, Teichen und Tümpeln vor. Im Keutschacher See gibt es große Bestände, hauptsächlich findet man sie aber in den Flachgewässern der Teiche, so dem Dietrichsteiner Teich, Tanzenberger Teich, oder dem Tatschnig-Teich. Durch die Trockenlegung zahlreicher Tümpel in den letzten Jahrzehnten ist die Karausche heute schon viel seltener geworden.

Das ursprüngliche Gebiet der Karausche liegt vermutlich in Ostasien, China und Sibirien. Im Gegensatz zu seinen östlichen Verwandten hat es der zählebige Fisch aber hier nicht geschafft, einen wirtschaftlich bedeutenden Stellenwert zu erreichen.

Wunderschön: Goldfisch, Rotfeder, Rotauge und Schleie

Man findet sie in Schottergruben, im Ossiacher See, im Faaker See, sie tummeln sich in den Nebenarmen der Drau, geistern durch die Tümpel im Maltatal – Goldfische in allen Schattierungen und Formen. Wie überlebt dieses Schmuckstück in den Kärntner Gewässern?

Goldfische werden heimlich von Aquarienbesitzern in Kärntner Gewässer ausgesetzt. Die Heimlichtuerei hat Gründe, denn was hier geschah und tagtäglich anderswo geschieht, ist eigentlich verboten. Das Aussetzen artfremder Spezies in heimische Gewässer trägt nämlich zur Verfälschung der typischen Flora bei.

Sofern mit dem Aussetzen keine Krankheiten verbreitet werden, schaden Goldfische einem Fischgewässer nicht. Häufig sind sie lediglich Futter für Raubfische, sie können sich aber auch vermehren und eigene Formen bilden. Verheerend wirken sich Goldfische aber aus, wenn sie in fischfreie Lacken, Tümpel oder Amphibienteiche eingesetzt werden. Die widerstandsfähigen Tiere fressen alles, was ihnen vors Maul kommt. In kürzester Zeit kann auf diese Weise ein Kleinbiotop unwiederbringlich verändert werden.

Ein Fisch als Haustier:

Vor fast 2000 Jahren begannen chinesische Fischveredler, die Silberkarausche (Carassius auratus) in verschiedenen Farben und Formen zu züchten, und über die Jahrhunderte hinweg gelangte man zu Formen, die unserem heutigen Goldfisch, auch Goldkarausche genannt, schon sehr ähnlich waren.

Die als Wunder des Himmels bezeichneten Fische standen unter sakralem Schutz, Goldfischteiche durften nur von Mönchen gepflegt werden, auf Fang und Konsum der güldenen Kiemenatmer stand nicht selten die Todesstrafe. Während der Ming-Dynastie (1368–1644) entstand die hohe Kultur der Zucht- und Aquarienpflege. Der Goldfisch avancierte vom einfachen Teichgeschöpf zum Lieblingsspielzeug der Aristokratie.

Neben Hund und Katze hat sich der Goldfisch über die Jahrhunderte als Edel-Haustier auch bei uns etabliert, da er sich in kostbaren Aquarien, Gläsern und Zierteichen bewundern läßt.

Eine einmalige Stellung, bedenkt man, daß der kleine Fisch weder als Schmusetier gehegt werden kann, noch Lernerfolge oder Gewöhnung an seine Bezugsperson zeigt. Goldfische werden ihren Pfleger nie von anderen Menschen unterscheiden.

Die schon vor fast 1000 Jahren eingetretene Domestikation in Asien brachte es glücklicherweise mit sich, daß man die Entwicklung des Goldfisches genau kennt. Als Jahrhunderte alter Kulturbegleiter hat er buchstäblich Geschichte gemacht.

Erste Ableger erreichten im Jahre 1500 über die koreanische Halbinsel den Inselstaat Japan. Es begann eine Goldfischkultur, die ihresgleichen sucht. Die den Japanern eigene Kunst des Blumensteckens, Ikebana genannt, nahm Einfluß auf die Zuchtformen. Heraus kamen Tiere, die mehr Blumen als Fischen glichen. Weite Schleierschwänze, Kulleraugen, Perlschuppen, zarte Pastelltöne, kugelrunde Körper und hochstehende Mäuler wurden zu neuen Schönheitsidealen. Der moderne Tierschutz würde dies, ähnlich wie die Zucht mancher Hunderassen, möglicherweise als Tierquälerei verdammen.

Die bezaubernden Märchenfische erregten natürlich auch die Neugier des europäischen Adels. Madame Pompadour ließ sich von Ludwig XV. mit Goldfischen beschenken, während Potemkin, der Günstling Katharina der Großen, seine Herrin bei einem Festbankett mit einem Miniaturteich überraschte, in dem die goldenen Schönheiten aus dem Reich der Mitte ihre Kreise drehten und den gesamten Hof in helles Entzücken versetzten.

Wegen seiner robusten Natur mußte der Goldfisch leider auch für exzessive menschliche Spielereien, Modetorheiten und Sensationshunger herhalten. Auf Jahrmärkten wurden von Artisten Goldfischgläser mit lebendem Inhalt ausgetrunken und anschließend die noch lebenden Fische wieder hochgewürgt. Manche Tiere sollen diese Tortur mehrere Jahre lang ausgehalten haben. Den Gipfel der Geschmacklosigkeit leisteten sich die feinen Damen des Rokoko. Im Wasser kleinster Glaskugeln wurden gezüchtete Zwergformen oder winzige Jungfische eingesperrt und als Ohrringe und Anhänger getragen.

Märchenhafte Formen:

Das Züchten der Goldfische ist eine Wissenschaft für sich, zumindest dann, wenn es gilt, unbekannte und ausgefallene Arten zu erschaffen. Mittlerweile gibt es Hunderte von Rassen. Teleskopfische mit langstieligen Augen schwimmen zwischen löwenmähnigen Fransenfischen, dazwischen taumeln dickbäuchige Eierkörper, tiefschwarze Molven mit roten Punkten und Harlekine mit überdimensionalen Brustflossen und obenständigem Maul.

Eine der grandiosesten Zuchtformen ist der Perlengoldfisch. Jede seiner über 600 Schuppen ist kuppenförmig nach außen gewölbt. Der ganze Körper scheint wie mit Perlen besetzt zu sein. Doch verliert ein solcher Fisch eine „Perle", so bildet sich an dieser Stelle nur eine ganz gewöhnliche Schuppe nach. Die Perlenhaut bildet er nur einmal im Leben. Auch gelang es, Goldfische mit Schriftzeichen im Schuppenmuster zu züchten. Manche Rassen gerieten im Laufe der Jahrhunderte wieder in Vergessenheit. Doch fast alle Versuche, die ausgestorbenen Formen wieder neu zu erschaffen, schlugen fehl.

Goldfisch in den Blumen einer überschwemmten Wiese.

Ausgesetzte Goldfische sind keine Seltenheit mehr. Sie können allerdings das ökologische Gleichgewicht kleiner Gewässer stören.

Goldfische können ein hohes Alter erreichen. Man kennt 40–50jährige, äußerst ruhige Exemplare. Allerdings können sie nach dem zehnten Lebensjahr nicht mehr ablaichen. Ihre Größe hängt wesentlich von der Umgebung ab, in der sie leben. Im Goldfischglas bleiben sie auch noch nach Jahrzehnten zierlich und kleinwüchsig. In Freilandteichen und Flüssen können verwilderte Exemplare über 60 cm lang werden. Im Pressegger See wurde beim Tauchen ein Goldfisch gesichtet, der an die 50 cm maß.

Ihre sprichwörtliche Resistenz gegen Sauerstoffarmut, Schmutz und wechselnde Wassertemperaturen macht Goldfische zu Anpassungskünstlern ohne Parallelen. Sie überstehen fast jeden Transport, degenerieren trotz Inzucht nicht und überleben im Fischglas jeden anderen Zierfisch.

Wild und hemmungslos gebärden sich die ansonsten friedlichen und harmlosen Tiere in der Laichzeit, während der sie sich schwerste, oft tödliche Verletzungen zuziehen. Rund 3000 Eier werden bei der stürmischen Begattung ins Wasser abgegeben, von denen sich aber beileibe nicht alle entwickeln. Der hungrige Vater macht sich nicht nur über den Laich her, sondern verspeist später auch seine eigenen Kinder, wenn er ihrer habhaft werden kann.

Geschäft mit der Schönheit:
Um zu den absonderlichen Formen der feenhaften Unterwassergestalten zu kommen, sind vielfältige Kriterien zu beachten. Die weltbekannten Goldfischzüchter haben alle ihre eigenen Geheimnisse, die nur innerhalb der Familie weitervererbt werden. Es sind dies bestimmte Tinkturen und Kunstgriffe bei der Befruchtung und Veredelung sowie geheime Futtermischungen. Niemals jedoch werden die absonderlichen Goldfischformen durch Verstümmelungen und operative Eingriffe erzielt. Der Stolz eines jeden Züchters sind die Sonderformen, allein durch sorgfältige Zuchtauswahl zu erreichen.
Die Züchter rechtfertigen sich bei tierschützerischen Angriffen mit dem Argument, daß auch die exotischsten Formen in Freiheit lebensfähig und fortpflanzungsfähig sind.

Die Ernährung der Goldfische ist einfach und unproblematisch. Sie fressen alles, was in ihr Maul paßt, ob Pflanzen, Algen oder Tiere.
Große Goldfische kann man auch essen, wenngleich das einem Sakrileg gleichkommt, außer in Kriegszeiten vielleicht. Das Fleisch ist sehr eiweißreich und schmeckt wie Karpfen.
Goldfische sind zu einem bedeutenden Wirtschaftsfaktor geworden. Man schätzt, daß weltweit gut 100 Millionen im Jahr auf den Markt gelangen.

Die Rotfeder

Rotfedern gehören zu den schönsten Fischen unserer Gewässer. Manche Exemplare haben feuerrote Flossen, die einen herrlichen Kontrast zu ihrem silbrigen Schuppenkörper bilden. Eine Rotfeder kann über 40 cm lang werden. Am besten gedeiht sie in stark verkrauteten Teichen und Tümpeln sowie in großen Seen mit ausgeprägter Ufervegetation.
Pflanzenbewuchs ist lebenswichtig für diesen Fisch. Nicht nur, weil er Vegetarier ist, der nur in Ausnahmefällen tierische Kleinnahrung zu sich nimmt, er benötigt das Grünzeug auch für seinen Nachwuchs. Die Eier der Rotfeder haften mit Klebedrüsen an Wasserpflanzen, wo sich die Larven die ersten Lebenstage aufhalten, um ihren Dottersack zu verzehren.
Der Pflanzenlaicher entpuppt sich in den Monaten April und Juni als Fremdgeher. Anstatt sich um die eigene Art zu kümmern, beteiligt sich die Rotfeder am Laichgeschäft anderer verwandter Fische, wie der Karpfen, Güster, Ukeleien und Plötze. Aus dem Fremdgehen entstehen dann Bastardformen, die eine eindeutige Herkunft unkenntlich machen. Vermutlich entstammen solchen Praktiken der Rotfedern auch die Farbvarietäten dieser Fische im Weißensee und in den Hallegger Teichen. Diese auch fälschlicherweise als Goldplötze bezeichneten Fische gleichen in ihrem Aussehen eher einer Goldfischvariante als einem einheimischen Fisch.
Obwohl Rotfedern in großen Schwärmen in fast allen großen Kärntner Seen und Fließgewässern vorkom-

Der Netzfischfang ist in Kärnten nur noch Nebenerwerb. Große Rotfedern finden in der Gastronomie Verwendung.

men, haben sie wegen ihres Grätenreichtums nie große Bedeutung für die Küche gefunden. Manche Köche bereiten aus ihnen faschierte Fischlaibchen zu, die recht gut schmecken.

Eine Unterart der Rotfeder lebt in den heißen Quellen von Baile Episcopesti in Westrumänien bei Temperaturen zwischen 28° und 30°C. Nur 9 cm werden diese Sonderlinge groß, sind aber bereits nach einem Jahr geschlechtsreif. Bei Temperaturen unter 20°C und nach dem Ablaichen sterben die Fische.

Eine andere Verwandte ist die Plötze, wegen ihrer rötlichen Augen auch Rotauge genannt. Etwas kleiner als die Rotfedern, werden ausgewachsene Rotaugen nur knapp 30 cm lang und ziehen in Schwärmen durch die verkrauteten Uferzonen von stehenden und fließenden Gewässern. Auch Plötze haben die Neigung, fremdzugehen. Dadurch gibt es eine Menge Unterarten, die teils als Stand- und teils als Wanderformen vorkommen.

Obwohl Rotaugen die Uferzone lieben, stehen ältere Exemplare auch gerne weiter vom Ufer entfernt in größeren Tiefen. Insbesondere in den Sommermonaten zieht es die großen Plötze ins Freiwasser.

Rotaugen suchen sich in der kalten Jahreszeit ein Winterlager, das sie in Gruppen bewohnen. Das Laichgeschäft verläuft zwischen April und Mai und wird mit gegenseitigem Jagen unter lautem Geplätscher eingeleitet. Ähnlich wie bei den Rotfedern werden die Eier an Pflanzen oder versunkenes Astwerk geheftet. Die Männchen bewachen etwa eine Woche lang den Laichplatz. Nach dem Aufzehren des Dottersacks jagen die Kleinen nach winzigem Zooplankton. Etwa ab einer Länge von 3 cm beginnen die Schuppen zu wachsen. Die Plötze dient als Futterfisch für Zander und Hecht. Angler verwenden sie gern als Köder.

Verschiedene Unterarten können im Brackwasser leben und ablaichen. Wanderformen gedeihen sowohl in ruhigen wie in strömenden Gewässern. Erhöhter Salzgehalt in den Flußmündungen stört sie nicht. Manche dieser Verwandten werden über 1 kg schwer und über 50 cm lang.

Eine Rotaugenvariante ist der Frauennerfling, ein Fisch, über den man nur wenig weiß. Er lebt in der Drau, im Stauraum Annabrücke. Aufgrund seiner latenten Lebensweise als Tiefenfisch geht er nur selten an die Angel oder ins Netz. Wegen seines Laichausschlages wird er häufig mit dem Perlfisch verwechselt, von dem man aber noch weniger weiß. Man sagt, er komme in Kärnten vor, was aber nicht erwiesen ist. Mit 70 cm Länge und 5 kg Gewicht ist er der größte unter den Rotaugen.

Nomen est omen – eine Rotfeder.

Scheue Schleie im frühen Sonnenlicht.

Goldschleien sind Farbvarietäten, die auch in verwilderter Form vorkommen.

Die Schleie

Das Leben der Schleie spielt sich im Verborgenen ab. Schön und einzelgängerisch, begegnen sie selbst dem guten Kenner der Kärntner Gewässer äußerst selten. Der Schleim ihrer Haut wurde früher als Wundbalsam und bei Hautkrankheiten verwendet.

Der Hauptfeind ist der Hecht. Aber der hat es mit den Schleien nicht leicht, da sie sich mit ihrem glitschigen Körper so geschickt winden, daß sie so manches Mal aus dem geöffneten Hechtmaul entkommen.

Auch ein geschicktes Tarnungsmanöver rettet ihnen oft das Leben: Sie bohren sich mit dem Oberkörper in den Schlamm und verharren regungslos, bis sich die Sedimentwolken gesenkt haben und der Angreifer sein Interesse verloren hat.

Selten werden Schleien länger als 50 cm und schwerer als 2 kg, doch aufgrund der hervorragenden Lebensbedingungen in vielen Kärntner Seen wurden schon Exemplare von 5 kg gefangen, die reinsten Schleiengiganten. In Kärnten kommen Schleien in fast allen stehenden Gewässern vor, außerdem in den Schleifen der Drau und vielen anderen Fließgewässern.

Aufgrund ihrer Unempfindlichkeit vertragen sie sogar Brackwasser und steigen bis in 1600 m hoch gelegene Seen auf. Gegenüber Verschmutzung und Sauerstoffarmut ist die Schleie anspruchslos und unempfindlich.

Als Schlammwühler ernährt sie sich vorzugsweise von kleinen Bodentieren wie Muscheln, Insektenlarven, Schnecken und Schlammröhrenwürmern. Fehlt es an tierischer Nahrung, fressen diese scheuen Seenbewohner auch Pflanzenreste und knabbern hin und wieder an Laichkräutern und Seerosenstengel, bis sie über den Winter die Nahrungsaufnahme einstellen und sich in den Schlamm wühlen. Dort halten sie ihren Winterschlaf. Erst mit den zaghaften Märzsonnenstrahlen kommen sie wieder ans Tageslicht.

Optisch gehört die Schleie zu den fotogensten Fischen unserer Heimat. Ein geradezu königliches Äußeres schmückt die gelb-rote Farbvarietät, auch Goldschleie genannt. Wenn diese bei grünem Dämmerlicht durch Seen und Teiche schwebt, glaubt man einem außerirdischen Wesen zu begegnen. In der Farbintensität nimmt es die Goldschleie mit jedem Zucht- und Zierfisch auf, ebenso auch in der Schönheit.

Bei Anglern ist die Schleie ein beliebter Fisch. Erstens schmeckt sie gut, und zweitens will sie erstmal überlistet werden. Schleien nehmen den Köder nur sehr zögernd an, das macht die Sache spannend.

Abgelaicht wird in den Monaten Mai bis Juli bei einer Wassertemperatur im Mittel um 20°C. Schon aus diesem Grund benötigen Schleien flache Stellen im See, wo sich das Wasser anwärmen kann. Vor Beginn der Laichzeit schließen sich die laichbereiten Tiere zu großen Schwärmen zusammen und durchstreifen die Uferzone. Der eigentliche Laichvorgang dauert nahezu zwei Monate. Während dieser Zeit legen die Fische an die Million Eier portionsweise im Abstand von ca. 14 Tagen an Wasserpflanzen ab. Die ausschlüpfenden Larven saugen sich mit Klebedrüsen an Blättern und Stengeln fest. Sobald die Kiemen funktionsfähig sind, machen die Jungfische Jagd auf winzige Planktontiere.

Schleien wachsen langsam, haben aber aufgrund ihres wohlschmeckenden Fleisches dennoch in Zucht und Haltung eine weite Verbreitung gefunden. Bei vielen Züchtern werden sie als Nebenfische in Karpfenteichen gehalten. Auch ist es gelungen, schnellwüchsige Rassen zu züchten, die ihren wildlebenden Vettern bereits nach einem Jahr an Größe und Gewicht überlegen sind.

Mit ihrem weichen, gefühlvollen Maul weiden Schleien Unterwasserpflanzen ab.

Unken gelten als Meister der Tarnung, aber auch der schrillen Farben.

Von
Fröschen

Frosch und Unke, das fröhliche Teichkonzert

Der Froschkönig

Mit weiten Sätzen entkommt er seinen Feinden, taucht blitzschnell ab und veranstaltet in lauen Sommernächten mit seinen Schallblasen ein wahres Konzert. Rana esculenta, der Wasserfrosch.

Wenn er bewegungslos im Flachwasser liegt, ist er kaum zu sehen, nur seine Augen glitzern im Sonnenlicht. Geduldig wartet er auf seine Chance, Beute zu machen. Denn so harmlos der Wasserfrosch aussieht, gilt er doch als ein gefürchteter Jäger. Unvorsichtige Libellen, Fliegen, die über das Wasser brummen, Spinnen am Teich, Würmer im Schlamm, Käfer, Fischbrut und Wasserwanzen fallen ihm zum Opfer. Der bis 12 cm große Räuber wurde schon beobachtet, wie er in einem Zierteich Jagd auf kleine Goldfische machte und binnen 14 Tagen das Gewässer buchstäblich leer fraß.

Wasserfrösche gehören zu den elegantesten und schnellsten Schwimmern im Reich der Lurche. Kraftvoll stoßen sie sich mit den Hinterbeinen ab, die Vorderbeine werden dabei am Körper angelegt. Gewöhnlich reicht es ihm aus, wenn er ein bis zwei Meter weit schwimmt und dann vorsichtig zwischen Schilfstengeln oder Seerosenblättern auftaucht, um sich umzusehen. Stundenlang kann er dann auf Ufersteinen oder treibenden Pflanzen sitzen, sich sonnen und auf Fliegen lauern. In freier Wildbahn ernährt er sich nur von Beutetieren, niemals von Aas. In Gefangenschaft oder im Gartenteich kann man ihn aber mit Würmern locken und anfüttern. Zahme Exemplare fressen sogar aus der Hand.

Vor seinen Feinden – insbesondere vor Wasservögeln, und da vor allem vor den Störchen – schützt er sich durch seine grasgrüne Rückenfarbe und seine wie versteinerte Tarnhaltung. Selten schwimmt er weite Strecken, weil er die Gefahr von unten kaum abschätzen kann. Hechte, Zander, Barsche, Waller und Aitel schätzen den Wasserfrosch als leckere Mahlzeit. Und noch ein Feind macht ihm zu schaffen, die Ringelnatter. Ihr kann er kaum entkommen, sie verfolgt ihn sowohl an Land als auch im Wasser.

Weibliche Wasserfrösche werden etwas größer als die Männchen, dafür besitzen diese rechts und links hinter dem Kopf große, weißgraue Schallblasen, mit denen sie vom dumpfen Quaken bis hin zu knarrenden Geräuschen, ähnlich einer Tür mit ungeölten Scharnieren, nächtens Menschen den Schlaf rauben können. Fünf Wasserfrösche im Hausteich und die Nacht wird zum Tage. Immer wieder müssen sich Gerichte mit der Frage befassen: Dürfen Wasserfrösche im Gartenteich machen, was sie wollen? Sie dürfen! Für zugewanderte Amphibien kann nämlich keine Haftung übernommen werden.

Die Laichzeit der Wasserfrösche fällt in die Monate Mai bis Juni. Ähnlich wie bei den Kröten besteigt der Froschkönig seine Königin von hinten, umklammert sie stunden- und tagelang. Der Laich wird in dicken Klumpen im Wasser abgelegt, aus denen dann bräunliche bis hellgelbe Kaulquappen entstehen. Diese durchstreifen in dichten Schwärmen die Uferzone ihres Geburtsgewässers, ernähren sich von Aufwuchsalgen, verfaulten Pflanzen und Plankton. Die reiche Vermehrung der Wasserfrösche schafft einen Ausgleich gegenüber den zahlreichen Feinden. Aus einem Laichklumpen erreichen nur 2–3 Tiere ein geschlechtsreifes Alter. Alle anderen landen im Magen irgend eines Räubers, beispielsweise des Gelbrandkäfers oder in den Fängen räuberischer Wasserwanzen.

Die Entwicklung der Kaulquappen ist ein kleines Wunder. Den Froscheiern entschlüpfen millimeterkleine Larven, die sich mit Hilfe eines Saugnapfes an Wasserpflanzen festkleben. Anfangs ernähren sich die Larven von der Gallerte des Eies, später nagen sie mit winzigen, im Maul befindlichen hornigen Kiefern, die Ähn-

Wasserfrösche sind pfeilschnelle Schwimmer.

Froschkönig in seinem Reich.

lichkeit mit gebogenen Schnäbelchen haben, an Wasserpflanzen. Geatmet wird über federartige Kiemen, der seitlich zusammengedrückte Ruderschwanz gestattet ein freies Umherschwimmen. Gegen Ende des Sommers bilden sich die Kiemen zurück, im Innern entwickelt sich eine Lunge, Vorder- und Hinterbeine treten hervor, sodaß aus der Kaulquappe ein Froschlurch wird. Auch der für die Pflanzenkost prädestinierte lange Darm ist geschrumpft und wird durch einen kürzeren ersetzt, der für die Verdauung tierischer Stoffe geeigneter ist. Seine endgültige Größe erreicht der Wasserfrosch allerdings erst im fünften Lebensjahr.

Die gefahrvollen Jahre übersteht er durch teils raffinierte Verhaltensweisen. Wird er beispielsweise von einem Krebs gepackt, fällt er in eine Starre, der Scherenritter läßt los, um die vermeintlich tote Beute zu verzehren. In diesem Augenblick stößt sich der Froschkönig ab und entwischt dem gepanzerten Feind mit schnellen Schwimmstößen.

Gegen Ende Oktober tauchen die Wasserfrösche zum Grund hinab und vergraben sich im Schlamm. Ihr Stoffwechsel reduziert sich und er atmet ausschließlich über die Haut. Die Winterruhe kann bis April dauern. Mit den ersten Mückenschwärmen im Frühjahr tauchen die flinken Gesellen wieder auf und beleben Sümpfe, Teiche, Gräben, Tümpel und Flußarme.

Der Moorfrosch gehört zu den weniger bekannten Arten.

Die Unke

Obwohl Unken zu den bekanntesten Amphibien gehören, bekommt sie selten jemand zu Gesicht. Leider sind die von ihnen bewohnten Refugien rar geworden. Letzte Oasen befinden sich in Kärnten, im Wienerwald und im Donauraum.

Unken gehören zu den Froschlurchen, und zwar zu denen mit angenehmer Stimme. Ihr melodisches „unk-unk" ertönt in Feuchtgebieten stundenlang – manchmal die ganze Nacht hindurch. In Europa sind zwei Arten bekannt, die Gelbbauchunke und die Rotbauchunke. In Kärnten ist nur die Gelbbauchunke beheimatet.

Typische Unkenteiche sind der Hallegger- und der Trattnigteich sowie die Basaltmine im Lavanttal, wo Österreichs größte Unkenkolonie mit weiblichen Exemplaren von über 5 cm Länge beheimatet ist. Die Männchen sind etwas kleiner.

Von oben betrachtet sehen alle Unken gleich aus. Die graubraune Haut ist mit Giftdrüsen übersät, die kleinen flinken Augen nehmen jede Bewegung wahr, wobei der Kopf bis zu den Nasenlöchern im Wasser bleibt. Experten können die beiden Arten auch anhand der Stimmen unterscheiden. So besitzen Rotbauchunken im Gegensatz zu ihren gelbbäuchigen Verwandten ausgeprägtere Schallblasen, die ihre Rufe lauter und kräftiger erklingen lassen.

Akustische Reviermarkierung:
Unken sind ausgesprochen ortstreu. Man hat rufende Männchen beobachtet, die wochenlang eine bestimmte Stelle im Flachwasser oder am Ufer besetzt hielten. Nur Hunger und klimatische Veränderungen können diesen „Rufplatz" verlegen. Mit den Unk-Rufen markieren die Männchen gleichsam ihr Revier, sodaß der Abstand zur nächsten Unke strikt eingehalten wird. Die Häufigkeit des akustischen Flaggesetzens ist sowohl von der Umgebungstemperatur als auch von der Art abhängig. Gelbbauchunken rufen bei 20°C bis zu 80mal in der Minute, während sich Rotbauchunken nur etwa 20mal bemerkbar machen.

Wer neben einem Unkengewässer schlafen will, braucht gute Nerven, besser noch, er ist taub. Denn bei gleichzeitigem Rufen mehrerer Unken werden die Töne einander angepaßt und zwar in Tonhöhe, Lautstärke und Frequenz. Dieses Antiphonieren geschieht so perfekt, daß die Rufe zweier sich in unmittelbarer Nähe zueinander befindlichen Unken immer abwechselnd zwischen die Töne der anderen fallen. Ein Höllenspektakel! Unken werden über 12 Jahre alt und laichen im Jahr dreimal ab, wobei pro Unkenpaar und Laichvorgang 100 Eier produziert werden.

Gefährdete Habitate:

Im Gegensatz zu Kröten und etlichen Froscharten verbringen Unken ihr ganzes Leben vorzugsweise im Wasser. Bescheiden wie sie sind, genügt ihnen auch eine Pfütze, eine kleine Lehmgrube, eine mit Wasser gefüllte Blechdose, ein Sumpfloch, eine morastige Kuhle oder nur eine feuchte, vielleicht mit Regenwasser gefüllte Radspur. Diese Anspruchslosigkeit wird ihnen dann teilweise zum Verhängnis, wenn angebliche Naturschützer mit dem Geländewagen „sportlich" über Waldpfade und Feldwege donnern. Ein solches gedankenloses Vergnügen kann ganze Unken-Populationen auslöschen. In die Verantwortung gezogen sind auch Bauern, Behörden und Grundstücksbesitzer. Man eb-

net heute nicht mehr nur um des besseren Aussehens willen eine Lacke ein oder trocknet kleine Moore aus. Noch sind Unken nicht existentiell gefährdet, doch durch die fortschreitende Industrialisierung wird ihr Lebensraum immer stärker eingeschränkt.

Außer dem Menschen haben Unken nur wenige Feinde. Bei Gefahr werfen sie sich auf den Rücken und strecken dem Gegner die leuchtende Bauchseite entgegen. In der Sonne schillert die Unterseite dann je nach Art knallig gelb, durchzogen von blauschwarzen Flecken und Linien. So bleiben sie mit angehaltenem Atem reglos liegen, bis die Bedrohung vorüber ist. Erstmals wurde in der Basaltmine dieses Verhalten auch unter Wasser beobachtet. In 8 m Tiefe drehte sich eine Gelbbauchunke auf den Rücken und versuchte auf diese Weise den Taucher zu vertreiben.

Werden Unken erschreckt, so nehmen sie bisweilen auch die sogenannte Kahnstellung ein, d. h. sie liegen mit einem Hohlkreuz, angezogenen Gliedmaßen und von ihren Händen verdeckten Augen wie tot am Boden. Gleichzeitig sondern sie mit ihren Hautdrüsen ein Gift ab, das den ganzen Körper schaumartig überzieht. Das „toxische Shampoo" ist derartig intensiv, daß schon die bloße Nähe Übelkeit, Hustenreiz, Niesanfälle und Tränen verursachen kann. Auf kleine Tiere wirkt das Unkengift tödlich. Molche, Frösche und andere Amphibien sterben, wenn man sie zusammen mit einer Unke auf engem Raum einsperrt. Auch ihre vermeintlichen Feinde, Ringelnatter und Kreuzotter, müssen vor dem übelriechenden und ätzenden Sekret weichen. Man hat beobachtet, wie Ringelnattern versehentlich erbeutete Unken sofort nach dem Biß wieder ausgespieen haben. Gefressen werden die kleinen Amphibien aber von Raubfischen, wenn sie sich zu weit von der Uferzone weg bewegen, und natürlich von Störchen, die ihnen in Feuchtwiesen und Rinnsalen nachstellen.

Mit scharfen Augen erspäht die Unke ihre Beute.

Ruppige Gesellen:

Die Nahrung der Unken besteht aus Insekten, Würmern und Schnecken. Mehr als ein Dutzend Fliegen verputzt eine Gelbbauchunke nachweislich in weniger als einer

Die grelle Bauchfarbe der Unke soll Feinde erschrecken.

Krötenhochzeit – zwei Freier im Stellungskrieg um das Weibchen.

Minute. Regenwürmer gelten als besondere Delikatesse, und sei der Wurm doppelt so lang wie die Unke.

Unken sind weitgehend nachtaktiv. Bei Dunkelheit kommen sie an Land und fangen ihre Opfer. Laufen, springen, schwimmen, Unken beherrschen diesen Triathlon in Vollendung. Keine Beute kann ihnen entkommen.

Naht der Winter, schlagen sie sich die Bäuche gut voll, verlassen das nasse Element und verbringen die kalte Jahreszeit in Mäuselöchern, Höhlen und Erdgängen in Ufernähe.

Rangeleien um das Nahrungsangebot gibt es bereits im Frühjahr unter den Nachkömmlingen, den Kaulquappen. Durch ihre unglaubliche Freßgier wachsen sie bis Ende Sommer auf die Länge von über 5 cm, sind also bereits größer als viele ihrer Eltern, um sich dann in einem Schrumpfungsprozeß in ca. 2 cm große Unken zu verwandeln.

Laichen Unken im Herbst noch einmal ab, geschieht etwas Grandioses. Der befruchtete Spätlaich gelangt aufgrund der tiefen Bodentemperaturen nicht mehr zur Metamorphose (Umwandlung von der Kaulquappe zur Unke). Die Kaulquappen dieser Befruchtungsperiode überwintern im Uferschlamm und verwandeln sich erst im Frühjahr in ihre endgültige Form. Auf diese Weise wird verhindert, daß Teile der Population absterben.

Unken sind äußerst nützliche Tiere. Sie vertilgen Schadinsekten in großen Mengen, sind anpassungsfähig und fressen sogar aus der Hand. Man sollte sie nicht für Aquarien und Terrarien fangen, denn in Freiheit bringen sie der Umwelt viel Gutes, sodaß die Schauermärchen der „klagenden Feuerkröte", die man lange als unglücksbringende Unkenrufe gedeutet hat, alle ins Reich der Fabel gehören.

Wo Unken am Abend ihr geheimnisvolles und melodisches „Unk-Unk" anstimmen, ist die Natur noch intakt.

Die Erdkröte, treu bis in den Tod

Bereits im Herbst werden die Erdkröten (Bufo bufo) unruhig und machen sich auf Wanderschaft. Manche haben viele Kilometer vor sich. Ihr Instinkt führt sie zielstrebig zum Gewässer ihrer Geburt. Unterbrochen wird dieser Urtrieb nur durch den einbrechenden Winter, der die braunen Gesellen zu einer Pause zwingt. Eingegraben in der Erde, versteckt unter Moos und verkrochen im Unterholz warten sie auf das Frühjahr, um dann beim ersten warmen Sonnenstrahl die Reise zur Heimat unverzüglich fortzusetzen.

Die zur Paarung bevorzugten Gewässer sind nicht, wie man vermuten könnte, immer flach und klein. Kröten laichen auch in großen und tiefen Seen, im Millstätter See, im Ossiacher See oder im Wörther See. In steil abfallenden Schottergruben wurden sie schon in 8 m Tiefe von Tauchern beobachtet. Das ist besonders bemerkenswert, wenn man bedenkt, daß die wechselwarmen Tiere etwa alle 30 Minuten zum Atmen an die Oberfläche kommen müssen.

Wie Kröten ihr Laichgewässer finden, ist unbekannt. Man vermutet, daß sie sich an Landschaftsmerkmalen wie Bergrücken, Waldkulissen und Geländeformationen orientieren. Kröten laichen nur in ihrem Geburtsgewässer ab. Das ist erstaunlich und gefährlich zugleich. Die Ortstreue geht soweit, daß, wenn durch Landschaftsveränderungen, wie Flurbereinigung oder gewaltsames

Austrocknen der Heimatteich verschüttet wird, die in der Nachbarschaft befindlichen Tümpel und Seen von den Kröten nicht zum Ablaichen gewählt werden. Auf dem Wege zu ihrem Gewässer lassen sie sich durch nichts aufhalten, nicht durch Straßen, Eisenbahnschienen, Zäune und Erdwälle – eher sterben sie. Wer Krötentümpel einzäunt, muß kleine Durchlässe schaffen, sonst verharren die Amphibien vor dem Hindernis, bis sie tot sind.

Am und im Wasser beginnt dann der Stellungskrieg. Liebestolle Männchen erwarten bereits ungeduldig die Ankunft der Weibchen, um sie alsdann vom Rücken her zu besteigen und die Vorderbeine um die mit Laich gefüllten behäbigen Weibchen zu legen. Diese stürmische Umarmung löst bei den Freiern einen Krampf aus, sodaß sie vom Weibchen nicht mehr abgeschüttelt werden können.

Das Fortpflanzungsritual ist alljährlich für die Weibchen eine höchst riskante Angelegenheit. So geschieht es häufig, daß sich mehrere Männchen um eine Krötenfrau balgen und die Empfängnisbereite derart bewegungsunfähig machen, daß sie ertrinkt. Mitunter findet man bis zu zehn Männchen, die sich wild um das bereits tote Weibchen balgen.

Bis zu 7000 Eier, eingehüllt in meterlange Gallertschnüre, verlassen in Intervallen den aufgeblähten Leib der weiblichen Kröte und werden dabei befruchtet. Am Anfang ihres Lebens schwimmen die winzigen Kaulquappen in dichten Schwärmen über den Schlammgrund, um etwa im Juli die Umwandlung zur Erdkröte zu vollenden. Das plötzliche massenhafte Auftreten von Jungkröten wird im Volksmund auch als Froschregen bezeichnet.

Lebensweise:

Die Erdkröten sind in ganz Kärnten verbreitet. Die hohe Zahl von Gewässern begünstigt die Population.

Kröten sind keine permanenten Wasserbewohner, wie man vielleicht annehmen könnte. Als Wasserfreund wird man die plumpen, graubraunen Amphibien nur im zeitigen Frühjahr entdecken, wenn sie sich zur Paarung an den Geburtsgewässern einfinden.

Übers Jahr leben Erdkröten im Wald, auf Wiesen und Feldern sowie in der Nähe menschlicher Besiedlungen.

Sie sind Dauergäste in Gewächshäusern, Gärten, feuchten Kellern, Scheunen und Ställen. Ihr Aussehen ist wenig anziehend; die warzige, mit Giftdrüsen bedeckte Haut umschließt einen dicklichen Körper mit flachem Kopf und bernsteinfarbenen hervorstehenden Augen.

Schon die Etrusker fanden sie in ihren Grabkammern und deuteten ihre Anwesenheit als Totenwächter. Im Mittelalter wurden Kröten als unheilbringende Menetekel angesehen und galten als Auswurf der Hölle. Noch heute sagt man, wenn jemand etwas Unangenehmes über sich ergehen lassen muß: Diese Kröte muß er schlucken!

Kröten bewegen sich langsam und behäbig. Ihr unbeholfenes Kriechen an Land wird nur gelegentlich durch einen kleinen Hüpfer unterbrochen. Sie verfügen nicht über das gewaltige Sprungvermögen der Frösche. Wie bei vielen Lebewesen im Tierreich, so werden auch bei den Kröten die Weibchen wesentlich größer als die Männchen.

Kröten sind nachtaktiv und äußerst nützlich. Ihre Nahrung besteht vorwiegend aus Insekten, Asseln, Spinnen, Käfern und vor allem Gelsen (Schnaken), hinzu kommen Würmer und Schnecken. Das Sehvermögen ist ausgezeichnet, auch bei Dämmerung und sogar in der Nacht. Es gleicht fast dem einer Katze. Zähne fehlen. Durch Hervorschleudern der Zunge wird die Beute ergriffen und in den Schlund gezogen.

Kröten haben im Grunde genommen nur einen einzigen gefährlichen Feind, den Menschen.

Austrocknung von Feuchtgebieten, Zuschütten von Tümpeln und Mooren, Bau von Straßen durch Naturlandschaften und die stetige Verunreinigung vieler Gewässer bedrohen den Bestand der Amphibien. Erfolgt die Laichwanderung über belebte Bundesstraßen oder gar Autobahnen, so kann innerhalb weniger Stunden die gesamte Kolonie eines Gebietes ausgelöscht werden.

Als mögliche Abhilfe gegen das sinnlose Vernichten der harmlosen Amphibien durch fahrende Autos dienen Fangzäune und Krötenröhren mit Fallgruben, in denen sich die Tiere sammeln und gefahrlos abtransportiert werden können.

Die Sumpfschildkröte, fröhlich bunter Unterwasserpanzer

Sumpfschildkröten sind in Kärnten eigentlich nicht heimisch, obwohl sie stetig von Anglern in den Drauschleifen gesichtet werden. Es könnten ausgesetzte Schmuckschildkröten sein, die sich in verwilderten Formen bei uns akklimatisiert haben. Ein Stück Florida vor der Haustür?

Die Sehnsucht nach exotischen Haustieren ist trotz gut gemeinter Ratschläge von Ökologen ungebrochen. Schlangen, Giftspinnen, Wüstenrennmäuse oder Schildkröten finden alljährlich in großer Zahl Einlaß in Kärntens Haushalte. Insbesondere die nordamerikanischen Schmuckschildkröten, hier vorzugsweise die attraktive Rotwangenschildkröte, avancieren zum Lieblingsspielzeug von Klein und Groß. Doch nur die wenigsten Menschen ahnen, daß sich hinter dem farbigen Panzer eine „Büchse der Pandora" verbirgt. Einmal im Gartenteich ausgesetzt, machen Schmuckschildkröten aus diesem eine leblose Wasserwüste. In ihrer Freßgier töten sie Fische, Insektenlarven und Amphibien. Finden sie keine Nahrung mehr und werden nicht zusätzlich gefüttert, wandern sie ab: in den nächsten Teich, Tümpel oder Baggersee.

Was bereits in Deutschland gang und gäbe ist, könnte bald auch für Kärnten zutreffen. Denn die „Nordamerikaner" fühlen sich in unserem Klima mit strengem Winter und warmem Sommer wohl. Die aus den US-Staaten Kentucky, Tennessee, Alabama und Louisiana stammende Rotwangenschildkröte beispielsweise kann sich in der „Alten Welt" problemlos fortpflanzen. Allerdings verträgt sie kein kaltes Wasser. Sinkt die Gewässertemperatur unter 10°C, erlahmen ihre Aktivitäten. In den warmen und uferverkrauteten Kärntner Seen gedeihen sie jedoch prächtig. Im Herbst ziehen sich die Schmuckschildkröten in tiefere Wasserzonen zurück und verfallen je nach Strenge des Winters in einen 3–6monatigen Winterschlaf. Manche Arten sollen sich auch im Uferschlamm eingraben.

Mit den ersten warmen Sonnenstrahlen im Frühjahr, werden die Schildkröten aktiv und wandern in die Uferzonen der Tümpel und Weiher, um dort Hochzeit zu halten. Obwohl die Geschlechtsreife erst zwischen dem 3. und 5. Lebensjahr eintritt, beginnen beispielsweise Rotwangenschildkröten bereits nach zwei Jahren mit den ersten Liebesspielen.

Außerdem hängt die Geschlechtsreife von der Körpergröße ab, die wiederum ein Parameter der Umgebung, der klimatischen Verhältnisse und der Nahrung ist. Mindestlänge für Hochzeiter sind 10 cm bei den Männchen und 15 cm bei den Weibchen.

Die Eiablage fällt auf die Sommermonate Juni bis August. Hierbei verlassen die Weibchen das schützende Wasser und heben in Entfernungen bis zu dreißig Metern vom Uferrand flache Gruben aus, in die je nach Alter des Muttertieres 2 bis 25 Eier abgelegt werden. Mit den Hinterbeinen deckt die Alte dann ihr Gelege mit Erde und Sand zu und überläßt das Bebrüten der Natur. Starker Sonneneinfall verkürzt die Brutdauer.

Nach 10–12 Wochen sprengen die jungen Schildkröten mit einem eigens dafür vorgesehenen Eizahn die sie umgebende Kalkhülle und ziehen sich mit Hilfe der Fußkrallen aus dem Ei. Der anhängende Dottersack wird über die Nabelöffnung in den Körper hineingezogen und dient dem Jungtier als Nahrungsvorrat über den anstehenden Winter. Die „Rucksackernährung" ist so perfekt, daß die Schildkröten vor dem einbrechenden Winter keine Nahrung aufnehmen müssen und die zwangsweise monatelange Ruhepause bis in den Frühling hinein gut überstehen.

In der freien Natur, zumindest in größeren Gewässern, schaden Schmuck- bzw. Rotwangenschildkröten eigentlich nicht, denn sie fallen ihrerseits auch wieder Raubfischen, wie Hecht, Waller und Zander, oder den Wasserratten zum Opfer. Über das Höchstalter ist man

Rotwangenschildkröten sind ausgesetzte Exoten, die teilweise bereits heimisch geworden sind.

Der bunte Kürassier ist ein geschickter Jäger, der Fische und Wasserinsekten erbeutet.

sich noch nicht einig. Sicher ist, daß Wasserschildkröten bei weitem nicht die biblische Lebenserwartung der Landschildkröten haben. Trotzdem glauben manche Experten, daß 30 Jahre und mehr auch in gefahrvoller Freiheit möglich sind. Als Maximalgröße werden etwa 25 cm angegeben.

Bei allen Schmuckschildkröten sind die Augen als Primärsinne entwickelt, d. h., ihr Sehvermögen ist aus-gezeichnet. Sie können Farben erkennen und unterscheiden, lernen auch aus der Hand zu fressen und sind in der Lage, einfache Dressurakte zu beherrschen, wenn Leckerbissen winken. In den USA werden Rotwangenschildkröten auch als nahrhafte Ergänzung des Speisezettels in den ärmeren Bevölkerungskreisen geschätzt. Diese Gefahr besteht für die bunten Gesellen in Kärnten allerdings nicht.

Der Molch, ein urzeitliches Relikt?

Vor 300 Millionen Jahren entstand eine Tierart, deren faszinierendes Doppelleben noch heute Wissenschaftler, Amateurbiologen sowie Filmer und Fotografen beschäftigt.

Besonders große Molche leben im Lavanttal. Dort, wo Kärntens einzige Basaltmine seit vielen Jahren verlassen und mit Wasser gefüllt ein Refugium gefährdeter Tierarten darstellt, haben sich aufgrund günstiger Umwelteinflüsse und reichlicher Nahrung wahre Molchriesen entwickeln können. Faßt man sie an, wenden sie den kräftigen Hals und beißen den Angreifer in die Hand, ungefährlich, aber beeindruckend.

Molche sind wechselwarme Tiere, die zur vollen Entfaltung ihrer Aktivitäten ein gewisses Maß an Wärme benötigen. Mit Beginn der kalten Jahreszeit vergraben sie sich deshalb je nach Artenzugehörigkeit im Boden bzw. Uferschlamm des Wohngewässers oder verlassen das nasse Element, um sich im Wald, auf Wiesen und Feldern, unter Steinen, im Unterholz, zwischen feuchten Blättern und in kleinen Höhlen zu verstecken. Die Körperfunktionen wie Atmung und Stoffwechsel werden auf ein Minimum reduziert, sodaß auch im Wasser überwinternde Molche durch die Gesamtoberfläche der

Haut genügend Sauerstoff aufnehmen können, um selbst einen monatelangen Aufenthalt unter Eis schadlos zu überstehen. Bis der Molch wieder Luft schnappen muß, manchmal erst nach einer Stunde, haben die Jäger fast immer das Interesse verloren und das Weite gesucht.

Die immer feucht gehaltene, dünne, mit Drüsen übersäte Haut ist gleichzeitig das größte Handicap der Molche. In heißer und wasserarmer Gegend müssen die Tiere sterben, wenn dem Austrocknen der Haut kein Einhalt geboten wird. Wegen der extremen Verdunstung des Körpers müssen sich Molche ein Leben lang in feuchter Umgebung, in Tümpeln, Mooren, Wiesenbächen oder in feuchtem Laub aufhalten.

Viele Aspekte des Molchdaseins sind noch unerforscht. Ob wir allerdings je hinter alle Geheimnisse gelangen, ist fraglich, denn der Lebensraum der Molche ist extrem bedroht. Unter anderem haben gedankenlose Zeitgenossen in die Basaltmine Fische eingesetzt, die nun den Laich der Amphibien fressen und auch den älteren Tieren nachstellen. Das hat für die Population der Lurche erschreckende Folgen. Vermutlich werden sie dort nicht bestehen.

Molchlarven atmen über Kiemenbüschel.

Von den unzähligen Molchlarven eines Teichs erreichen nur wenige das Alter eines erwachsenen Tieres.

Kammolche besiedeln Gewässer bis in 2000 Meter Höhe.

Bergmolche zählen zu den farbigsten Amphibien in Kärnten.

Zeitig im Frühjahr beginnt das Paarungsspiel beim Bergmolch mit einem leuchtend blau-orange marmorierten Hochzeitskleid. Nach dem Balzspiel, das ausschließlich vom Männchen zelebriert wird, veranlaßt ein angeblich nach Petersilie riechender Duftstoff das Weibchen zur Aufnahme des zuvor vom Männchen abgesetzten Samenbehälters.

Wenige Tage später legt das Weibchen bis zu 250 Eier. Die Eiablage wird sehr sorgfältig betrieben und dauert bis zu 2 Monate. Um die Eier zusätzlich zu schützen, werden sie einzeln unter gefalteten Wasserpflanzen mit einem klebrigen Sekret befestigt.

Aus unerfindlichen Gründen streben Molche alljährlich ihrem Geburtsgewässer zu. Werden diese Memory-Sensoren durch geologische, erdmagnetische oder astronomische Felder gesteuert?

Manche Arten begnügen sich zum Ablegen der Eier sogar mit Wasserlöchern, Rinnsalen und Regenpfützen, sind also nicht wählerisch.

Zwei bis drei Wochen später schlüpfen die kleinen Larven aus den Eihüllen. Die Larven sind Kiemenatmer, die zunächst das Leben eines völlig dem Wasser angepaßten Tieres führen, obwohl sie in Form und Aussehen den erwachsenen Molchen schon sehr ähnlich sind. Charakteristisch sind die federartigen Kiemenbüschel an den Kopfseiten sowie der Ruderschwanz und die Seitenlinienorgane, mit denen die Molchlarven Druckwellen orten können, die je nach Intensität Beute oder Gefahr signalisieren.

Die Metamorphose zum Molch wird durch das Verkümmern der Kiemenbüschel gegen Ende des Sommers eingeleitet. Jetzt stellen sich die Jungtiere von Kiemen- auf Lungenatmung um. Flossensäume und Seitenlinienorgane werden zurückgebildet und die Molche verlassen ihre Geburtsstätte, um ihre kleine Welt zu erkunden. In geeigneter Umgebung können sie mehr als 10 Jahre alt werden. Bei manchen Arten schätzt man die maximale Lebensdauer sogar auf über 40 Jahre.

Molche überwältigen mit erstaunlicher Behendigkeit Asseln, kleine Krebschen, Käfer, Larven, Würmer, Fliegen, Jungfische, Kaulquappen, Schnecken und die eigenen Artgenossen. Kannibalismus unter Molchen ist nichts Ungewöhnliches. Die gierigen Lurche fangen ihre Beute sowohl an Land als auch im Wasser.

Das Leben der Molche ist ein ständiger Daseinskampf, die Zahl der potentiellen Feinde könnte nicht größer sein. Schwimmkäfer, Libellenlarven, Wasserwanzen, Krebse, Raubfische, Ringelnattern und Wasservögel bedrohen den Molch von Beginn seines Daseins an. Doch alle diese natürlichen Feinde konnten die Molchfamilien nie ernsthaft dezimieren, da das biologische Gleichgewicht immer gewahrt blieb. Erst die häufig sinnlose Trockenlegung von Feuchtgebieten und die Zerstörung intakter Biotope haben den Molch ernsthaft gefährdet. Mittlerweile kennen viele Kinder das archaische Überbleibsel nur noch aus Büchern, Erzählungen und dem Fernsehen. Wann haben Sie den letzten Molch gesehen?

Der Flußkrebs, Scherenritter auf dem Rückzug

Früher gab es Krebse in fast jedem Wildbach oder Tümpel und auch in den meisten Seen waren sie vorhanden. Seit aber viele Krebsgewässer aus dem ökologischen Gleichgewicht geraten sind, befinden sich unsere Scherenritter auf dem Rückzug.

Inzwischen begegnet uns der Krebs dementsprechend nur noch im Fischrestaurant auf dem Teller.

Krebse sind Bodenbewohner der einheimischen Gewässer und können als ständige Wassertiere zwar schwimmen, doch fehlt ihnen die den Fischen eigene Schwimmblase. Sie laufen auch entgegen den eingebürgerten Vorstellungen in der Regel vorwärts, dagegen schwimmen sie ausschließlich rückwärts. Durch ruckartiges Einklappen des Schwanzendes kann der Flußkrebs erstaunliche Schwimmgeschwindigkeiten erreichen, er ist jedoch kein ausdauernder Schwimmer. Fast immer sucht er sich nach einigen Schwanzschlägen eine kleine Grube, Höhle oder einen größeren Stein, wohin er sich zur Verteidigung zurückzieht.

Gefährliche Häutung:
Krebse haben kein Knochenskelett, sondern einen überaus stabilen und harten Chitinpanzer, der den ganzen Körper mit Ausnahme der Gelenksscharniere nahtlos umgibt. In diesem Panzer ist Kalk eingelagert, weshalb er nicht mitwachsen kann.

Das Auswechseln des Panzers, Häutung genannt, ist ein verhältnismäßig schwieriger Prozeß im Leben eines jeden Krebses. Bevor der Häutungsprozeß beginnt, zieht sich der Scherenritter an einen sicheren Platz zurück, da es nach dem Abstoßen der alten Hülle noch mindestens zehn Tage dauert, bis der neue Panzer völlig hart geworden ist. In kalkarmem Wasser dauert es sogar doppelt bis dreimal so lange – eine gefährliche Zeit. Die verwundbaren „Butterkrebse" fallen manchem Raubfisch oder gar den eigenen Artgenossen zum Opfer. Denn da kennt der gepanzerte Kannibale keine Familienbande – der Schwächere wird gnadenlos getötet und aufgefressen. Neuere Untersuchungen bestätigen auch, daß der Häutungsprozeß an sich – er dauert etwa 6–8 Stunden – infolge des komplizierten Vorgangs sehr vielen Krebsen das Leben kostet.

Dieser hormonell gesteuerte Vorgang wird bei Jungtieren 5–8mal im Jahr vollzogen, erwachsene Krebse benötigen jährlich nur noch 1–2 Hüllen.

Edelkrebse sind vom Aussterben bedroht. Sie kommen nur noch in wenigen Gewässern vor.

Krebse schwimmen rückwärts durch ruckartiges Einklappen des Schwanzes.

Verblüffende Anatomie:

Ungewöhnlich ist die Anatomie des Krebses! Die Organe werden nicht durchblutet sondern umspült. Die Harnblase liegt in Gehirnnähe. Der Harn wird im Bereich der Fühler, der Kot am Schwanzende ausgeschieden.

Auffällig beim Krebs sind die beiden langen Antennen, die als Tastorgane dienen. Die kleineren Fühler tragen Riechanhänger, in der Fühlerbasis liegt der Gehörsack, welcher auch dem Gleichgewicht dient.

Bei Gefahr können die Stielaugen in den Panzer versenkt werden.

Die kräftigen Scheren sind das größte Gliedmaßenpaar. Sie dienen zum Ergreifen der Beute und als Waffe. Bei alten Krebsen sind die Scheren länger als der Körper. Durch einen raffinierten Hebelmechanismus wird die Kraft der Scheren verstärkt. Die Beute kann über Stunden gehalten werden. Die Opfer sind dann zwischenzeitlich entweder an Erschöpfung oder Luftmangel gestorben. Und so ist seine Leibspeise serviert: das Aas seiner Beute.

Krebse sind im Prinzip Allesfresser. Er zerteilt Molche, zwickt Fröschen die Beine ab, trennt Kleinfischen die Köpfe vom Rumpf und zertrümmert Wasserschnecken das Gehäuse. Findet er keine lebende Beute, wird er zum überzeugten Vegetarier, der vom harten Hornkraut über die kalkreichen Armleuchteralgen bis hin zum zarten Tausendblatt alles Pflanzliche vertilgt.

Wildes Gerangel:

Im Herbst beginnt der Hochzeitstumult. Das Männchen wirft das Weibchen schlichtweg um, wobei die begehrte Dame leicht eine Schere oder einen Fühler einbüßen kann. Glücklicherweise wachsen diese bei der nächsten Häutung nach.

Geradezu fürsorglich kümmert sich das Weibchen um das Eigelege. Sie führt es unter dem Schwanz mit. Und selbst die nach einigen Wochen ausgeschlüpften Krebschen verbleiben noch die erste Zeit auf dem Körper der Mutter. Einmalig in der Krebswelt ist, daß das Larvenstadium einfach übersprungen wird.

Krebspest:

In den letzten Jahrzehnten des 19. Jahrhunderts wurden fast alle mitteleuropäischen Gewässer von einem Pilz heimgesucht, der bis auf wenige Reste fast alle Edelkrebsbestände ausrottete. Gegen diese Krebspest – nur der amerikanische Flußkrebs ist dagegen immun – gibt es auch heute nur beschränkte Gegenmittel. Aufgrund dieser Seuche findet man in den Kärntner Gewässern heute vorzugsweise die amerikanische Variante. Leider verdrängt der robustere Einwanderer auf Dauer den heimischen Edelkrebs. Nicht nur, daß er resistenter gegen verschmutztes Wasser und Krankheiten an sich ist, er vermehrt sich auch fast doppelt so schnell. In Edelkrebsgewässer dürfen deshalb keine Fremdkrebse eingesetzt werden.

Flußkrebse werden über 20 Jahre alt, sind im Endstadium etwa 20–25 cm lang und können bis zu 250 g wiegen. Die eingeführten Arten sind kleiner, leichter und auch weniger geschmackvoll. Es gilt, sich vor ihren Scheren in acht zu nehmen, die schon ernstliche Quetschwunden an Händen und Armen unvorsichtiger Schwimmer und Taucher verursacht haben.

Tips für den Gourmet:

Fast ausschließlich wird der Feinschmecker beim Krebskauf und in den Krebsgerichten den amerikanischen Flußkrebs vorfinden. Man muß also keine ökologischen Bedenken haben, denn dieser kommt häufig vor und kann auch gezüchtet werden. Anders als der Edelkrebs, der zu den besonders gefährdeten Tierarten zählt und nicht mehr gefangen werden sollte.

Eindringlich muß davor gewarnt werden, Flußkrebse roh zu essen, obwohl dies immer wieder in Feinschmecker-Mode kommt. Süßwasserkrebse sind die Wirtstiere einer Saugwurmlarve, die beim rohen Verzehr über die Speiseröhre in die Lunge wandert und sich zuerst als Larve, dann als Wurm festsetzt. Durch Kochen wird diese Larve getötet.

Krebse halten übrigens den Wasserentzug an der Luft mehrere Stunden problemlos aus. Durch Kochen werden Krebse rot. Die Ursache liegt in den im Panzer eingelagerten Pigmentstoffen. Von diesen ist nur der rote Farbstoff hitzebeständig. Reibt man die Krebse vor dem Kochen mit Öl ein, wird die rote Farbe sogar noch intensiviert.

Werden die Scherenritter versandfertig gekauft, dürfen auf dem Transport verendete Tiere nicht mehr zubereitet werden, da zersetztes Krebsfleisch eine gefährliche Lebensmittelvergiftung nach sich zieht.

Muschel und Schnecke, ein Leben in Bedächtigkeit

Sie gehören mit Sicherheit zu den verkanntesten Tieren im Süßwasser. Dabei sind sie uralt, waren schon auf dieser Welt, als es noch keine Menschen gab. Mit raffinierten Fortpflanzungstechniken und Lebensarten verblüffen sie sogar versierte Biologen. Was weiß man über die eigentümlichsten Geschöpfe in Kärntens Gewässern?

Muscheln und Schnecken bewegen sich im Zeitlupentempo. Ihr Zyklus läuft anders ab als der der Fische. Im Laufe der Jahrmillionen haben sie sich in ihrem Lebensrhythmus dem Medium Wasser elegant angepaßt. Etwa 20 bis 25 verschiedene Arten von Muscheln mag es in Kärnten geben. Darunter befinden sich beispielsweise die Kugelmuscheln, die lebendgebärend sind.

Die befruchteten Eier werden an den inneren Kiemenlamellen ausgebrütet und nach ungefähr einem Jahr ausgestoßen. Etwa 10–12 Jungtiere pro Wurf verlassen die Mutter, manche von ihnen sind, was wohl einmalig im Tierreich sein dürfte, schon bei der Geburt geschlechtsreif und zwittrig. Sie können also je nach Bedarf Mutter oder Vater sein.

Wanderer ohne Ziel:

Eine andere Variante der Fortpflanzung pflegen die Flußmuscheln. Im Regelfall sind sie getrenntgeschlechtig, doch in isolierten Teichen und Tümpeln bilden sie Zwitterformen, wenn ihre Vermehrung gefährdet ist.

Wird der Befall einer Teichmuschel durch kleinere Wandermuscheln zu groß, kann die Atmung beeinträchtigt werden und die große Muschel stirbt.

Männliche Flußmuscheln entleeren ihre Samenzellen ins Wasser, wobei diese dann vom Atemwasser einer weiblichen Muschel zu den Kiemen transportiert werden. Dort befruchten sie die zwischenzeitlich aus den Eierstöcken hingewanderten Eier. In besonderen Brut- räumen entwickeln sich nun aus den befruchteten Eiern kleine Muschellarven. Nach einigen Monaten stößt die Muschel durch ruckartiges Öffnen der Schale die herangewachsenen Larven ins Freiwasser. Und nun geschieht etwas Außerordentliches: Die Larven der Flußmuscheln sind mit einem langen klebrigen Faden und scharfen Haken ausgestattet. Kommt ein Fisch vor-

Wandermuscheln wurden vermutlich durch Sportboote nach Kärnten eingeschleppt.

bei, klammern sie sich an diesem fest, verankern sich zwischen den Schuppen und reisen auf ihrem Wirt als Trittbrettfahrer 2–3 Monate durchs Wasser. Während dieser Zeit ernähren sie sich von dessen Körpersäften, bis sie sich nach der Verwandlung in eine kleine Mu- schel lösen und zu Boden sinken. Auf diese Weise dringt die Flußmuschel bis in die entlegensten Orte ih- res Gewässers vor und gelangt auch im Zuge von Be- satzmaßnahmen ihrer Wirtsfische in Seen und Bäche, in denen sie vorher nie heimisch war.

Erwachsene Fluß- und Teichmuscheln sind lebens- wichtig für die Fortpflanzung des Bitterlings, eines klei- nen, unauffälligen, zierlichen Fischchens, dessen Fleisch bitter schmeckt. Bitterlingweibchen stecken ih- re Legeröhre in die Auswurföffnung der Muscheln und legen ihre Eier hinein. Gleichzeitig spritzt das Männ- chen seine Milch über die Atemöffnung der Muschel, sodaß die Samenzellen mit dem eingesogenen Wasser- strom zu den bereits eingelegten Eiern vordringen und diese befruchten. Auch die Jungbrut der Bitterlinge verbleibt zwischen den Kiemen der Muschel, verläßt aber nach kurzer Zeit die lebende Höhle und gelangt ins Freie. Ohne Muscheln sterben Bitterlinge aus.

Die Wasserschnecke

Schnecken sind jedem bekannt, aber die wenigsten wissen, daß es auch welche gibt, die tauchen können. Sie stoßen bei Gefahr an der Oberfläche Luft aus der Atemhöhle und zwar so schnell, daß sie wie ein Stein zu Boden sinken. Wollen sie wieder nach oben, ver- mindern sie den Druck auf die restliche im Körper ver- bliebene Atemluft, diese dehnt sich aus und die Schnecke steigt wie ein Korken zur Wasseroberfäche. Wie alle Lungenatmer müssen die meisten heimischen Wasserschnecken zum Luftholen an die Oberfläche. Ist ihnen der Weg zu weit oder liegt eine Eisdecke über dem See, stellen sie auf Hautatmung um, mit der sie mehrere Wochen überleben können. Die Gehäusefor- men mancher Schnecken weisen je nach Gewässertyp, Wassertiefe und Bodenbeschaffenheit des Grundes große Unterschiede auf, sodaß selbst Fachleute Schwierigkeiten haben, die Tiere zu bestimmen.

Die Nahrung der Wasserschnecken besteht vorwiegend aus Wasserpflanzen, die sie abweiden. Zur besseren Verdauung nehmen sie kleine Steinchen in ihren Magen auf, die dort das Zerreiben der Nahrung unterstützen. Ebenso trickreich bewegen sich die Schnecken an der Wasseroberfläche fort. Mit der Unterseite nach oben gleiten sie auf einem Schleimband dahin. Kleinere Exemplare lassen sich an einem Schleimfaden wie Bergsteiger herabhängen und fischen im Freiwasser nach vorbeitreibender Nahrung.

Wie alle Lungenschnecken sind auch die Süßwasserbewohner Zwitter. Je nach Bedarf wird die Schnecke zum Männchen oder Weibchen.

Zu den merkwürdigsten Süßwasserschnecken gehört die weitverbreitete Sumpfdeckelschnecke. Wie ein Fisch atmet sie über Kiemen, liebt ausgesprochen saures Wasser, ist die größte aller heimischen Arten und lebt streng getrennt nach Männchen und Weibchen.

Bei Gefahr verschließt sie ihr Gehäuse hermetisch mit einem Deckel und ist außerdem die einzige lebendgebärende Schnecke unserer Tierwelt. Die Jungen werden in der Gebärmutter von einer milchigen und eiweißhaltigen Flüssigkeit ernährt und in fertigem Zustand, mit komplettem Gehäuse geboren.

Die Gehäuseform der Wasserschnecken entwickelt sich in Abhängigkeit ihres Wohngewässers.

Die Libelle, schwebende Eleganz

Das Jugendstadium der schönen Libellen hat nichts mit dem Leben der ausgewachsenen Tiere zu tun, denn Libellenlarven leben unter Wasser.

Als braungrüne, holzähnliche Gebilde liegen sie unbeweglich am Grund, ohne sich durch irgendeine Regung, durch Fächeln oder Kiemenbewegungen bemerkbar zu machen.

Wenn sich eine kleine Kaulquappe auf der Suche nach Nahrung schwänzelnd über dem vermeintlichen Sediment bewegt, schnellt die Libellenlarve, Nymphe genannt, urplötzlich auf das überraschte Opfer zu und schleudert einen Fangapparat aus, der die Kaulquappe mit zwei dolchartigen Fängen durchbohrt und sie in den Bereich der Freßwerkzeuge zieht, wo sie noch bei lebendigem Leib verzehrt wird.

Die Nymphen, der Schrecken der Kleintiere in der Flachwasserzone, sind für das Leben im Wasser bestens ausgerüstet. Bei den Großlibellenlarven vollzieht sich die Atmung mittels Tracheenkiemen, die im Enddarm verborgen sind. Kleinlibellenlarven haben ihre Atmungsorgane in Form von 3 blattförmigen Hinterleibsverlängerungen am Schwanzende abstehen. Anhand dieser Merkmale lassen sich die verschiedenen Libellenarten gut unterscheiden.

Wenn die Nymphen auf ihren gebogenen Insektenbeinen durch den Bodenschlamm und über Pflanzenreste krabbeln, sehen sie plump und langsam aus. Doch die Natur hat sie mit einem einzigartigen Fortbewegungsmittel ausgestattet: dem Wasserstrahl-Antrieb. Die Rückstoßtechnik einiger Arten erinnert an das Prinzip des Raketenstarts. Durch die Kiemen wird vermehrt Wasser aufgenommen und nach Verbrauch des Sauerstoffs als starker Strahl zum Hinterleib hinausgestoßen. So schießt die Libellenlarve mit einer Geschwindigkeit von über 50 cm pro Sekunde auf die ahnungslosen Opfer zu. Selbst flinke Jungfische werden auf diese Weise von dem tauchenden Wegelagerer überrumpelt.

Ihre Beute greift sie mit einer zuklappenden Fangmaske, an deren Enden riesige Greifzangen wie Bolzenschneider ineinandergreifen. Mit blitzartiger Geschwindigkeit kann das Insekt diese Waffe ausklappen und die damit aufgespießten Opfer vor den Schlund ziehen. Ein Entrinnen ist so gut wie unmöglich.

Mit dem für Insektenlarven außergewöhnlich gut entwickelten Sehsinn ihrer Facettenaugen, die mit etwa 30.000 Einzelaugen jede Bewegung in der näheren Umgebung registrieren, ortet die Nymphe ihre Beute. Hat sie ein Opfer erspäht, schnellt in weniger als einer Zehntelsekunde das Greiforgan vor und kehrt mit der erdolchten Beute wieder zurück.

Die Fangmaske dient beim Verzehr der Nahrung zudem als bewegliche Untertasse, auf der Beutereste, die beim Fressen aus den Fängen und Kiefern herausfallen, aufgefangen werden.

Libellenlarven haben einen unglaublichen Appetit und machen nicht einmal vor ihren Artgenossen halt. Während andere Wasserinsekten nur jagen, wenn sie hungrig sind, töten die Nymphen dem Anschein nach auch ohne Anlaß. Begnügen sich die kleinen Arten noch mit Wasserflöhen, greifen die großen Libellenlarven sogar Kaulquappen und kleine Fische an und gelten daher als Schädling. Übrigens zu Unrecht, denn im Laufe ihres Lebens, so hat man erforscht, tötet eine einzige Libellenlarve zwar bis zu 4000 Wassertiere, davon sind aber mehr als 3000 Mückenlarven.

Manche Nymphen verbringen ihre ersten sechs Lebensjahre im Wasser und häuten sich bis zu fünfzehnmal. Im Endstadium erreicht dann die Larve fast 6 cm Länge und hat außer größeren Fischen praktisch keinen Gegner mehr zu fürchten.

Naht das Ende ihrer Jugendzeit, stellen die Nymphen jegliche Nahrungsaufnahme ein und suchen sich einen Schilfstengel oder eine andere geeignete Wasserpflanze, an der sie sich emporhangeln und zur letzten Häutung gelangen. Die Metamorphose vom Wassertier zur anmutigen Libelle muß sehr schnell gehen, da das Tier innerhalb weniger Minuten die Atmung umstellen muß. Kommt das Insekt während dieser Verwandlungsphase aus dem Gleichgewicht und stürzt ins Wasser, muß es jämmerlich ertrinken.

Die Nymphe verliert jetzt ihre einmalige Fangmaske, ihre Gliedmaßen verkümmern zu dornenbewehrten Klauen, mit denen sie nun ihre Beute greift und zu den Kiefern führt. Die Beine bilden einen Fangkorb, so daß sie sich nur noch zum Festhalten an Stengeln eignen.

Das Ausschlüpfen der Nymphen in die geflügelte Libelle geschieht meist noch vor Sonnenaufgang. Wenn erste Sonnenstrahlen ihre neuen Flügel getrocknet und erwärmt haben, erobern die schönen Räuber ihr neues Element, den Luftraum.

Libellen gehören zu den ältesten Insektengruppen, die wir kennen. In der Urzeit erreichten einige Vertreter Flügelspannweiten bis fast einem Meter.

In Kärnten leben von den ca. 4000 bekannten Arten etwa 50. Die heimischen Libellen erreichen Geschwindigkeiten von bis zu 100 km/h mit zirka 30 Flügelschlägen pro Minute. Fast geräuschlos und mit bemerkenswerter Präzision erbeuten sie Schnaken, Fliegen und Bremsen. Wie schnell ein Fluginsekt auch sein mag, einer Libelle kann es nicht entkommen. Bei gutem

Libellenlarven sind räuberisch lebende Wasserinsekten.

Wetter fängt sie bis zu 20 Fliegen in der Stunde. Der Kalorienbedarf entspricht ihrer großen Verbrauchsenergie. Hier ähnelt sie den verfressenen Larven. Entsprechend ihrer Beutenahrung ist der Lebensraum auf Feuchtgebiete an Flußläufen und Seen beschränkt, weshalb sie sich im Seenreich Kärntens so wohl fühlt.

Kompliziert gestaltet sich die Hochzeit. Mit gefülltem Kopulationsorgan schwirren die Männchen über Wiesen und Wasserflächen, um sich ein Weibchen zu suchen. Sie umfassen es mit ihren Zangen und vereinen ihre Körper in einer Art Tandemstellung. Manchmal

Aus dem Wasserungeheuer wird nach der Metamorphose eine anmutige Libelle.

fliegen sie in dieser Haltung sogar bis zu einem ihnen genehmen Kopulationsplatz.

Zur Eiablage tauchen manche Weibchen bis fast 1 m Tiefe und bohren dort unten Pflanzenstengel für das Gelege an. Um nicht zu ertrinken, nehmen sie mit Flügeln und Körper eine Art Lufthülle mit unter Wasser, was ihnen ein silbriges Aussehen gibt.

Libellen gehören als Insektenvertilger zu den nützlichen Tieren. Auch braucht kein Mensch in Deckung zu gehen, wenn sie im Anflug sind, denn Libellen sind weder giftig, noch stechen sie, allerdings haben sie eine Vorliebe für glänzende Objekte, z. B. Brillengläser oder Augen. Sie werden aus diesem Grund im Volksmund auch „Augenstößel" oder „Glaserer" genannt.

Gelbrandkäfer, Skorpion, Wasserbiene & Co., die kleinen Ungeheuer

In Kärntens 1300 stehenden Gewässern hausen die verschiedensten Wasserinsekten, die im Schlamm, im Schilf, im Flachwasser ihrer Beute nachjagen.

Ausgerüstet mit Fangmasken und scharnierartigen Greifzangen oder hakenförmigen Klauen, Kau-, Freß- und Zerkleinerungswerkzeugen, scheinen sie aus mittelalterlichen Folterkammern entflohen. Giftstacheln und Greiforgane verhindern selbst das Entkommen mehrfach größerer Beutetiere.

Gäbe es einen Preis für das freßgierigste Insekt, der Gelbrandkäfer wäre erster Anwärter auf diese Auszeichnung.

Fischer fürchten ihn wie die Pest, denn wenn er in die Brutanstalten der Züchter eindringt, richtet der 4–5 cm große kräftig gedrungene Käfer, der selbst kleine Hechte überwältigt, ernsthaften Schaden an.

Mit flinken Bewegungen rudert er dank seiner fächerartig verbreiterten Beine auf seine Opfer zu, beißt sich im Genick fest und verzehrt Kleinfische, Molche oder Kaulquappen bei lebendigem Leib. In fischarmen Gewässern spielt er sowohl Räuber als auch Gendarm, denn er reinigt sein Jagdrevier von kranken Tieren.

Taucher, die dem „Gelbrand" unter Wasser in Ufernähe begegneten, berichten von einem furchtlosen Exemplar, das heranschwamm, in die Tauchmaske schaute, sein Gegenüber musterte und wieder im Schilf verschwand.

Schlimmer noch wüten seine Larven. So kann man beobachten, wie eine winzige Gelbrandkäferlarve eine gewichtsmäßig fünfmal so schwere Kaulquappe mit Bissen attackiert. Größere Exemplare von 6 cm Länge überwältigen problemlos kleine Frösche und andere Lurche. Glücklicherweise dezimieren sich die Gelbrandkäferlarven aber selbst. Was immer sich in der Nähe bewegt, wird von ihren dolchartigen Zangen gepackt, wobei sie ein Verdauungssekret in den Körper ihres Artgenossen spritzen, welcher sich infolge der scharfen Flüssigkeit innerlich auflöst und so ausgesaugt werden kann. Zurück bleibt nur die leere Hülle des Tierkadavers. Noch im vorigen Jahrhundert wurden die kleinen Unholde als Mordwürmer bezeichnet. Doch trifft das nicht ganz zu. Die Larven rauben wegen ihres großen Hungertriebs. Im Laufe ihrer Entwicklung vertilgt eine einzige Larve mehr als 300 Fische von 2–5 cm Länge. Verständlich ist deshalb die Sorge, wenn Gelbrandkäfer in Teichzuchtbetrieben gesichtet werden. Schon die Nachkommenschaft eines einzigen Weibchens kann im Regelfall mehr als 27.000 Jungfische vertilgen.

Gelbrandkäfer-Larven werden wegen ihrer Gefräßigkeit und Wildheit als Mordwürmer bezeichnet.

Der Gelbrand, ein unheimlicher Käfer, der Feinde mit Gift betäubt und seine Beute bei lebendigem Leib auffrißt.

Ähnliche Wilderer sind die Furchenschwimmer und deren Larven. Ihr Greifinstrument ähnelt einer Sichel, mit dem die Beute festgehakt wird. Harmloser ist der riesige Wasserkolbenkäfer – ein Vegetarier. Doch wer ihn mit bloßen Händen fangen will, macht schmerzhafte Bekanntschaft mit seinem knochenharten Stachel.

Unter Wasser lauert auch der 2–3 cm große Wasserskorpion im Uferbereich auf Beute. Wer ihn ergreift, wird nicht tödlich, aber sehr schmerzhaft gestochen. Der Skorpion benützt sein langes Saugrohr, um im Flachwasser Luft zu holen, und kann so stundenlang sitzen und warten, bis sich ein Opfer seinen Fangklauen nähert.

Wasserskorpione zählen zur Gattung der im Wasser lebenden Wanzen. Diese Süßwasserräuber sind die gnadenlosesten der Kärntner Seen. Kaum ein Tier bleibt verschont – und sei es mehrfach so groß. Auch die Larven vieler Wasserkäfer müssen sich vor diesen Unholden in acht nehmen. Man hat Riesenwanzen beobachtet, die gnadenlos sogar die Larven der Großlibellen angegriffen haben und trotz deren tödlichem Fangapparat nach stundenlangem Kampf die Oberhand behielten. Fast alle Wasserwanzen besitzen einen Saugrüssel, der bei Angriff und Verteidigung als Stachel fungiert und äußerst schmerzhafte und langanhaltende Stiche verursacht. Bei einigen Arten dauert das Abklingen der Stichwunden selbst bei erwachsenen Menschen mehrere Tage.

In den Waldseen des Klagenfurter Beckens wohnen die Wasserbienen. An stillen Tagen rudern sie mit dem Rücken nach unten über die Wasseroberfläche, den Giftstachel nach oben, weshalb man sie auch Rückenschwimmer nennt, die man nicht mit den harmlosen Wasserläufern verwechseln sollte. Sie jagen Jungfische und Kleininsekten. Ihr Stich hat die Intensität einer Wespe.

Einem mittelalterlichen Lanzenritter gleicht die Stabwanze, etwa 4–5 cm groß mit langen dünnen Beinen, einem noch längeren Atemrohr und zwei furchterregenden Fangarmen, die in ihrer Wirkungsweise erschreckend der Funktion von Enterhaken ähneln. Der Süßwasserpirat lauert unbeweglich zwischen den Wasserpflanzen auf Beute.

Eine Ausnahme bildet die friedliche Ruderwanze, auch Wasserzikade genannt. Sie lebt ausschließlich von Algen und Pflanzenresten.

Das Leben des Bachtaumelkäfers spielt sich buchstäblich im Grenzbereich von Wasser und Luft ab. Schwimmt er an der Oberfläche, so kann er gleichzeitig die Über- wie auch die Unterwasserwelt beobachten. Das ist einmalig im Tierbereich, denn seine gut ausgeprägten Facettenaugen sind in exakt zwei Abschnitte mit unterschiedlichem Sehvermögen geteilt. Woher der Feind auch kommen mag, der Taumelkäfer wird ihn bemerken.

Zur Nahrungssuche taucht er bis 2 m unter die Wasseroberfläche, um kleine Larven, Milben und Wasserflöhe zu erjagen. Seine Vorderbeine sind mit Widerhaken und Klauen versehen, mit denen er die Beute aufspießt und noch bei lebendigem Leib verzehrt. Den benötigten Sauerstoff nimmt der kleine Jäger in Form einer Luftblase am Hinterleib mit in die Tiefe, wobei er es zu erstaunlichen Tauchzeiten bringt.

An der ausgeprägten Stromlinienform der Bachtaumelkäfer haben sich schon Autodesigner ein Beispiel genommen. Sie ist so perfekt, daß das Insekt fast kraftlos durch das Wasser schwimmen kann. Zudem ist die Oberfläche des Käfers so glatt und wasserabweisend, daß die Männchen an den Vorderfüßen Saugnäpfe entwickeln mußten, ohne die sie die Weibchen bei der Paarung nicht besteigen könnten. Trocknet ihr Heimgewässer aus, fliegen die Taumelkäfer über weite Strecken zu einem neuen Lebensraum.

Alge, Schilf und Seerose, die grünenden Statisten

Ein wahrer Plagegeist der Kärntner Süßwasserflora ist die 1859 vom amerikanischen Kontinent eingeschleppte „Kanadische Wasserpest". Im kleinen Weizelsdorfer See regiert sie am Boden wie ein Tyrann, obschon sie allein in weiblicher Form bei uns heimisch ist. Genial umgeht sie dieses Handicap, sie vermehrt sich eben vegetativ. Einziger Feind ist nur ein kleiner Wurm, der die Vegetationskegel der Wasserpest (Elodea canadensis), zerstört.

Andere Formen sind nicht weniger grausam in Taktik und Raffinesse. So führt das fotogene Tausendblatt einen beispiellosen chemischen Krieg gegen unliebsame Nachbarpflanzen, die ihm die Herrschaft in seinem Reich streitig machen wollen. Mit der Abgabe bestimmter aromatischer Substanzen gelingt es dem zartblättrigen Alchimisten, die Entwicklung und das Wachstum der Konkurrenten in seiner Nähe zu hemmen.

Licht ist lebensnotwendig für jede Pflanze. Neben den aus dem Wasser gezogenen Mineralien und den Nährstoffen aus dem Untergrund bildet die Sonne das Hauptlebenselexier. Das heißt, wer viel Licht abbekommt, wird groß, kräftig und kann besser überleben. Deshalb wehren sich Wasserpflanzen gegen andere Arten mit allen Mitteln. Drängt eine fremde Art in das beanspruchte Umfeld, verstärkt sich auf wundersame Weise das Wachstum. Dabei schießen manche Exemplare extrem schnell in die Höhe, ohne dabei Verzweigungen zu bilden. Erst im oberen Drittel beginnen dann Blätter und Wirteln zu sprießen. Der Plan ist klar: Deckt man mit der eigenen Blattkrone das Licht gegen die unten Nachfolgenden ab, bleibt der Feind klein und unbedeutend. Wie Pflanzen ihre Nebenbuhler erkennen, ist noch unbekannt. Manche Wissenschaftler vermuten, daß der Sensibilisierungseffekt durch Duftstoffe erfolgt, anhand derer die Abwehrmaßnahmen eingeleitet werden. Andere Experten glauben, daß die Lichtkonkurrenten durch die Spektralfarbenzusammensetzung, also durch Phytochromsensoren, erkannt werden. Infolgedessen erwacht der „Futterneid", denn ein Fremder dringt ins Revier.

Mit erstaunlichen Methoden kämpft auch der Wasserschlauch (Utricularia vulgaris), eine der interessantesten Wasserpflanzen unserer Breiten, um seinen Platz

Die einzige fleischfressende Unterwasserpflanze Europas – der Wasserschlauch.

169

Kaum zu glauben, aber das grazile Tausendblatt setzt chemische Waffen ein, um seine Konkurrenten zu verdrängen.

im See. Diese frei schwebende fleischfressende Pflanze kann nur wenig Nahrung vom Seeboden aufnehmen und muß deshalb, um zum Blühen zu gelangen, aus dem Wasser organische Nahrung, wie Kleinkrebschen, fangen. Dies geht aber nur so lange gut, wie die anderen Wasserpflanzen den treibenden Fleischfresser nicht als Störenfried erkennen. Durch verstärkte Produktion von Fäulnisstoffen, so glaubt man, machen sie das Wasser nährstoffreicher. Allerweltsarten dringen vor und verdrängen den Spezialisten, der nun um sein Überleben kämpfen muß.

In nährstoffarmen und kalkreichen Gewässern dominiert die wurzellose Armleuchteralge. Während normale Gefäßpflanzen aufgrund des Wasserdrucks nur Tiefen bis ca. 8 m besiedeln können, dringt die Armleuchteralge bei guter Sicht bis auf 30 m hinab. Dort unten hat sie dann keine Konkurrenz mehr zu fürchten. Vermindert sich die Sichttiefe, wandern die Tieftaucher nach oben, wo sie dann zwangsläufig mit den Flachwasserpflanzen kollidieren. Diese werden alsbald mit den Armleuchteralgen eigenen Absonderungen schwefelhaltiger Stoffe ins Wasser angegriffen. Armleuchteralgen sind noch dazu anpassungsfähig und können selbst bei einem Phosphorgehalt von weniger als 20 Mikrogramm pro Liter Wasser existieren. Andere Mitbewerber um den besten Platz im See haben dann längst aufgegeben. Weil Armleuchteralgen auf ihren Verzweigungen durch den komplizierten Vorgang der biogenen Entkalkung des Wassers Kalk ansammeln, wurden die Pflanzen früher in Flachgewässern als Dünger abgeerntet und nach dem Trocknen auf die Felder gestreut.

Als biologische Kläranlage fungieren die verschiedenen Schilfarten. Sie reinigen das Wasser von Kolibakterien, Öl, Salmonellen und sogar von Schwermetallen. Verschmutztes Wasser zeigt bereits nach wenigen Stunden erste Reinigungseffekte. Die Ursache dieser Filtermechanismen liegt im Wurzelstock des Schilfes, der zu

Zu Unrecht werden Laichkräuter als Schlingpflanzen bezeichnet.

seinem eigenen Schutz Substanzen, ähnlich einem Antibiotikum, erzeugen kann.

Wie in einem Schwamm werden die Giftstoffe gebunden und in stark verdünnter Form über die Blätter an die Luft weitergegeben. Seen mit gesundem Schilfbestand können auf diese Weise ihre Trinkwasserqualität erhalten. Die Möglichkeiten solcher gigantischer Pflanzenkläranlagen werden leider noch viel zu wenig genutzt. Die großen Schilfzonen unserer Seen sind jedenfalls für die Reinheit dieser Badegewässer unerläßlich.

Die Seerose

Um die Schönheit einer Seerosenkolonie von unten zu bestaunen, muß man kein Taucher sein. Maske und Schnorchel genügen. Im Wörther See gibt es wahre Dschungel, die oft von den Badenden kaum bemerkt werden.

Die Geschichte der Seerosen (Nymphaea) läßt sich bis zum Beginn der Eiszeit zurückverfolgen. Wissenschaftler vermuten sogar, daß es sie schon in Zeiten gab, als noch Saurier die Erde bevölkerten. Und schon damals müssen nicht nur weiße, sondern auch andersfarbige Seerosenarten ihre bizarren Blüten in atemberaubender Schönheit auf den Gewässern der Urzeit entfaltet haben. Die Pracht der Seerosen hat leider in unserer Zeit dazu geführt, daß wildwachsende von sogenannten „Blumenfreunden" fast ausgerottet wurden. In Österreich stehen sie deshalb unter Naturschutz.

Zu schaffen macht ihnen die zunehmende Verschmutzung vieler Gewässer. Sie bevorzugen zwar tropische, subtropische und gemäßigte Zonen, haben sich aber auch in teilweise unwirtlichen Gegenden gut eingelebt. Einmalig in Österreich ist der „Seerosenteich" nahe Krumpendorf, in dem die Seerosen mannshoch im Wasser stehen und ihre Blüten sogar unter der Oberfläche entfalten.

Bereits im Altertum galt die Seerose als Königin der Wasserpflanzen. Sie war ein Symbol für Keuschheit, Reinheit sowie Tod und Auferstehung. Ihr wissenschaftlicher Name ist auf den römischen Schriftsteller Plinius zurückzuführen, nach dessen Erzählung die Seerose aus einer Nymphe (griechisch Nympha) entstand, die aus einer großen und nicht erwiderten Liebe zu Herakles starb. Die weiße bzw. rötliche Farbe, der Glanz der Blüten und das gelassene Auftauchen aus dem Wasser verliehen Seerosen seit jeher etwas Mystisches.

Es gibt etwa 90 verschiedene Seerosenarten. Fast alle wurden durch Züchtungen hervorgebracht. Darunter findet man winzige Gewächse, die nur in 20–30 cm tiefem Wasser leben können. Ihre Blüten haben traumhafte Farben und Formen. In der Natur kommen fast nur weiße und zartrote Farben vor. Diese Arten gedeihen selbst in metertiefem Wasser. Abends schließen sich die Blüten, um mit dem ersten Tageslicht wieder in unverbrauchter Schönheit aufzutauchen.

Seerosenblüten vergehen oft in nur wenigen Tagen, allerdings treibt ein gesunder Seerosenstock ständig neue Knospen, sodaß es einem gelegentlichen Betrachter überhaupt nicht auffallen wird, daß neue Blüten an der Oberfläche treiben. Dieses Wechselspiel von Kommen und Gehen erstreckt sich oftmals vom Frühjahr bis in den Herbst.

Eine weitere Seerosenart ist die gelbe Teichrose (Nuphar eutea). Extrem widerstandsfähig gedeiht sie sogar in schattigen Zonen und Fließgewässern. Ihre Blüten sind gelb und duftend.

So friedlich ein Seerosenwald anmutet, in seinem Innern geht es oft gefährlich zu. Gefräßige Hechte lauern im grünen Dämmerlicht auf Beute, und zwischen den langen Stengeln verstecken sich scheue Schleien. Seerosendschungel bietet den idealen Lebensraum für sämtliche in unseren Breiten vorkommenden Wassertiere.

Steht die Sonne schräg, bricht sich das Licht, das Rot und Grün der Stengel wirft unwirkliche Flecken auf den Grund, und der Schatten von Blättern und Blüten zeichnet surrealistische Figuren und Muster auf den Grund.

Der Seerosendschungel übt eine wichtige biologische Funktion aus. Seine Anwesenheit ist ein Indikator für sauberes Wasser, unter seinem Dach paaren sich Fische und andere Wassertiere, Jungbrut findet Unterschlupf, Räuber fangen Nahrung. Nicht unpassend ist der Vergleich mit einem Riff im Meer, weshalb Seerosenkolonien nicht zu Unrecht als die Korallenbänke im Süßwasser bezeichnet werden.

Seerosenblätter überziehen die Gewässer stellenweise wie ein grünes Dach.

Seerosenwälder gab es schon zu Zeiten der Saurier.

Nachwort

Welcher Zauber verbirgt sich in der Wasserwelt Kärntens? Warum tauchen wir in sie hinab, suchen das unter ihrer Oberfläche Verborgene? Vielleicht, weil es an der Oberfläche manchmal zu hektisch, zu laut ist. Vielleicht, weil wir den Dingen im wahrsten Sinn des Wortes auf den Grund gehen wollen, weil wir, für kurze Zeit aus der Alltagswelt heraustretend, unsere Eindrücke mit niemandem teilen müssen. Die Unterwasserwelt der Seen gleicht weißen Flecken auf der Landkarte und viele Tauchgänge kommen einer Entdeckung gleich.

Haben Sie sich schon einmal überlegt, was sich unter Wasser abspielt, wenn es im Herbst „still wead uman See", wenn das Wasser in den ersten Frostnächten dampft und der Nebel an den Zweigen kondensiert? Wer weiß, wo genau Fische leben und überleben, wenn im Februar der See unter einer dicken Eisdecke liegt? Wir versuchen diese Dinge zu entdecken und festzuhalten.

Tauchen im tropischen Meer gleicht dagegen dem Besuch in einer modernen Einkaufswelt. Der Farben- und Formenreichtum ist derart überwältigend, daß man ihn nur schwer verarbeiten kann. Oft hat man das Gefühl, alles schon einmal gesehen zu haben. Tropische Meere wurden schon tausendfach gefilmt und immer wieder im Fernsehen präsentiert, doch warum soll das Leben in einem Korallenriff aufregender sein als in unseren Seen?

Die Gefräßigkeit der Haie ist jedem von uns bekannt. Wer kann sie aber mit der des heimischen Wallers vergleichen? Wer weiß, wie Aale, nicht viel kleiner als Muränen, sich über Fischlaich hermachen oder wie Hechte torpedoartig in Fischschwärme stoßen?

Es ist infolge schlechter Lichtverhältnisse und anderer widriger Umstände wie Kälte und Dunkelheit viel schwieriger, solche Szenen zu fotografieren oder filmisch darzustellen, ganz abgesehen von der Erfahrung, die man braucht, um zu wissen, wann und wo sich solche Szenen abspielen. Hier liegt aber auch der Reiz der Herausforderung. Gerade in Kärnten mit seinen zahlreichen unterschiedlichen Gewässern haben wir die besten Voraussetzungen.

Das Ziel dieses Buches ist erreicht, wenn es uns gelungen ist, Ihnen einen Blick auf den Teil unserer Heimat zu gewähren, der den meisten verborgen bleibt.

Klagenfurt, im Herbst 1995
Gerald Arnold

Sachwortregister

Literaturhinweise

DIE FISCHE KÄRNTENS, Wolfgang Honsig-Erlenburg/
Norbert Schulz, Naturwissenschaftlicher Verein für
Kärnten, Klagenfurt, 1989
SÜSSWASSERFISCHE, Muus/Dahlström, BLV-Bestimmungs-
buch, München, Berlin, Wien
DER HECHT, Hermann Aldinger,
Paul Parey-Verlag, Hamburg
WAS LEBT IN TÜMPEL, BACH UND WEIHER,
Wolfgang Engelhardt, Kosmos-Naturführer, Stuttgart
LEBEN IN BACH UND TEICH, Heiko Bellmann,
Mosaik-Verlag, München
WANDERER DURCH DIE BINNENGEWÄSSER, Jakob Graf,
Lehmann-Verlag, München
KÄRNTNER SEENBERICHT 1992/94, Kärntner Institut für
Seenforschung, Klagenfurt
MUSCHELN, SCHNECKEN, KREBSE, Karl-Heinz Zeitler,
Verlag Paul Parey, Hamburg und Berlin, 1990
BACH, FLUSS, SEE, Eckart Pott, BLV-Verlagsgesellschaft,
München, 1990
NATURPARADIES SEE, K. Zintz, Chr. Steinberg,
G. Waiditschka, Naturbuch-Verlag, Augsburg, 1993
DIE NATUR KÄRNTENS, Bd 2, Franz Kahler (Hrsg.),
Verlag Johannes Heyn, Klagenfurt, 1976
KÄRNTEN – EINE GEOGRAFISCHE LANDESKUNDE Bd 1–2,
Herbert Paschinger, Verlag des Landesmuseums für
Kärnten, Klagenfurt, 1976
KÄRNTNER SEEN NATURKUNDLICH BETRACHTET,
Ingo Findenigg, Verlag Naturwissenschaftlicher Verein
für Kärnten, Klagenfurt, 1953
CARINTHIA II, Festschrift Prof. Findenigg 1971, Jahrgang 66
Car. II 1956, Seite 5; Jahrgang 83 Car. II 1973, Seite 317,
331, 479, 489; Jahrgang 85 Car. II 1975, Seite 127, 159;
Jahrgang 86 Car. II 1976, Seite 463; Jahrgang 88 Car. II
1978, Seite 43, 207, 231; Jahrgang 103 Car. II 1993, Seite
593–612; Naturwissenschaftlicher Verein für Kärnten
KARAWANKEN, Hans M. Tuschar, Verlag Johannes Heyn,
Klagenfurt, 1989
UNTERWASSERFÜHRER EUROPÄISCHE BINNENGEWÄSSER,
Bd 7, Bernd Humberg, Verlag Stephanie Naglschmid,
Stuttgart, 1994